Índice de contenido:

ÍNDICE DE TABLAS Y FIGURAS 3

ÍNDICE DE GRÁFICOS 4

I. INTRODUCCIÓN 5
 1. Resumen 6
 2. Objeto de estudio 8
 3. Objetivos 13
    A. Objetivo general 13
    B. Objetivos particulares 14
    C. Estructura propuesta 16

II. METODOLOGÍA 18
 1. Investigación 19
 2. Reingeniería de procesos aplicada al Aula de Infancia y Adolescencia 35
 3. Software gratuito 41

III. SITUACIÓN ACTUAL 48
 1. Situación actual 49
 2. Entrevista al Director del Aula de Infancia y Adolescencia 55
 3. Marco normativo 57
    A. Antecedentes 57
    B. Actualidad 67
 4. Estudio comparado: Universitat Politècnica de València y Universidad Politécnica de Madrid 87

IV. RESULTADOS 93

V. PROPUESTAS DE MEJORA 98

VI. CONCLUSIONES 104

BIBLIOGRAFÍA 107

ANEXOS 115

ÍNDICE DE TABLAS Y FIGURAS:

Tabla 1 Número de Cátedras y Aulas de empresa por año....................50
Tabla 2 Listado entidades y Directores..52
Tabla 3 Listado Centros y Subdirectores..53
Tabla 4 Esquema Árbol de problemas..21
Tabla 5 Árbol de problemas...21
Tabla 6 Esquema Árbol de soluciones..22
Tabla 7 Árbol de soluciones...23
Tabla 8 Ficha para recoger y acompañar grupo..................................38
Tabla 9 Ficha para organizar un evento...39
Tabla 10 Ficha para acompañar un grupo..39
Tabla 11 Ficha para realizar un documento.......................................40
Tabla 12 Ficha colaboración general..40
Tabla 13 Imagen Biblio y Biblioteca 2000..46
Tabla 14 Número de Cátedras y Aulas...94

ÍNDICE DE GRÁFICOS:

Ilustración 1 Evolución Cátedras y Aulas 2005 a 2015................................49
Ilustración 2 Proporción Cátedras y Aulas 2015..54
Ilustración 3 Comparativa UPV-UPM...88
Ilustración 4 Proporción UPV...89
Ilustración 5 Proporción UPM..89
Ilustración 6 Personal Cátedras y Aulas..27
Ilustración 7 Tipo de organigrama...28
Ilustración 8 Proporción Cátedras y Aulas en base a encuesta..............29
Ilustración 9 Financiación entidades..30
Ilustración 10 Tipo de contabilidad..31
Ilustración 11 Reparto de actividades..32
Ilustración 12 Número de personas en las organizaciones....................33

I. INTRODUCCIÓN

I. INTRODUCCIÓN

1. Resumen

El presente trabajo consiste en el análisis y estudio de las distintas Cátedras y Aulas de empresa vigentes en la Universitat Politècnica de València y, en concreto, del Aula de Infancia y Adolescencia, para hallar aspectos de mejora en cuanto a la gestión de las mismas.

Se describe la situación actual de las Cátedras y se compara la normativa vigente con la Universidad Politécnica de Madrid.

Para lograr aspectos que sean susceptibles de mejora se utilizan tres vías:

La primera es la investigación. Mediante encuestas y análisis sobre la administración particular utilizada en cada una de las Cátedras y Aulas de empresa, se descubre cuál es el método de gestión más efectivo para las distintas áreas de las organizaciones estudiadas.

La segunda consiste en la implantación de la parte aplicable de la metodología de Reingeniería de Procesos en los aspectos directivos que puedan ser optimizados. Con este modelo se busca la mejora tanto en la eficacia como en la eficiencia, simplificando tareas que anteriormente pudieran ser complicadas de llevar a cabo.

El último aspecto tratado será el establecimiento del software gratuito como importante medida de desarrollo a la par que de ahorro.

Se plantean, una serie de propuestas de mejora que pueden ser aplicados en las distintas Cátedras y Aulas de Empresa y las conclusiones finales.

2. Objeto de estudio

El objeto que persigue el presente trabajo es el de estudiar el funcionamiento interno de las Cátedras y Aulas de empresa de la Universitat Politècnica de València.

Para ello se utilizará una explicación de en qué consisten las Cátedras y Aulas de empresa y en concreto del Aula de Infancia y Adolescencia. Las primeras Cátedras de empresa de la Universitat Politècnica de València nacen en el año 1999, sin poseer una normativa clara y concreta. Sin embargo, posteriormente en el año 2005 se pone en marcha el programa de Cátedras de empresa.

Mediante ese programa se avanzan desde seis Cátedras de empresa en el año 2005 a treinta y nueve en el año 2010. En el año 2007 se aprueban las primeras normas para la creación de Cátedras de empresa en la Universitat Politècnica de València y en el año 2010 se sustituye por el Reglamento para la creación y funcionamiento de las Cátedras de Empresa. Actualmente se encuentra vigente el Reglamento para la creación y funcionamiento de Cátedras y Aulas de Empresa de la Universitat Politècnica de València del año 2012, cuya novedad más trascendente es que incorpora la figura de las Aulas de Empresa, que se distinguen de las Cátedras por el tipo de actividades, por necesitar un presupuesto inferior para su aprobación y renovación y por el cambio en su duración inicial. Se tratará en mayor profundidad las diferencias en capítulos posteriores.

El objetivo que persiguen las Cátedras son los siguientes: Establecer una colaboración de empresas y fundaciones con la Universidad para lograr objetivos docentes, de investigación y transferencia tanto de tecnología como de conocimiento.

Mientras que, en principio, las Aulas de Empresa se centrarían en objetivos formativos y de difusión del conocimiento.

Las actividades llevadas a cabo por ambos tipos de entidades se distinguen en tres grandes grupos: Actividades de formación en Cátedras y Aulas, actividades de divulgación y transferencia de conocimiento en Cátedras y Aulas y actividades de investigación y desarrollo en Cátedras.

En cuanto a la historia del Aula de Infancia y Adolescencia cabe recalcar que fue creada en el año 2013 como un proyecto adscrito a la Facultad de Administración y Dirección de Empresas, cuyo director es el profesor Vicente Cabedo Mallol.

En la firma del Convenio de Colaboración participaron distintas entidades como la Universitat Politècnica de València, la Obra Social La Caixa, la Fundació Agrupació, en Centro Asociado a la UNED de Villa-Real, la Fundación Isidora Pertusa y las empresas France Telecom SA (Orange) y el Colegio Educatio. Además, en su inicio también contó con la participación del Ayuntamiento de Valencia a través de la Concejalía de Bienestar Social e Integración mediante la fórmula de subvención. No obstante, no serían ellos los únicos colaboradores, ya que posteriormente la Diputación de Valencia se unió al Aula y en el año 2015 se incorporarían tanto el Colegio Oficial de Educadores Sociales de la Comunidad Valenciana como la empresa Formosa. En la actualidad son doce entidades las que participan en el Aula de Infancia y Adolescencia.

El Aula de Infancia y Adolescencia es una organización muy peculiar, tanto por las características tan distintivas de las actividades que realiza como por la cantidad de éstas que lleva a cabo.

La finalidad que posee el Aula es la de divulgar y transferir el conocimiento sobre la materia de infancia y adolescencia, buscando una serie de beneficios:

- Aportar, tanto a profesionales como a estudiantes universitarios, habilidades y competencias que les sean de ayuda en sus respectivas profesiones.
- Proveer a los investigadores de proyectos y líneas de investigación, e incluso, facilitar la elaboración de Tesis doctorales.
- Proporcionar formación continua a las Administraciones Publicas y también aportar asesoramiento en lo relativo a las Políticas Publicas.
- La divulgación de los derechos del colectivo de los menores, al ser un colectivo vulnerable, buscando la sensibilización y movilización social que ayude a la infancia.

En concreto y a lo largo del último año el Aula ha llevado a cabo numerosas actividades, siendo algunas de ellas:

- Dos cursos sobre Sistema de Protección de la Infancia.
- Dos cursos sobre la Mediación en el ámbito de Menores y Jóvenes.
- Se ha iniciado un estudio sobre la pobreza infantil en la ciudad de Valencia y en su provincia.
- Se ha realizado el I Premio de Investigación sobre la Infancia y Adolescencia.

En cuanto a actividades de divulgación de conocimiento:

- Se ha celebrado la jornada Cocinando el Futuro.
- El Ciclo de conferencias en la Escuela Infantil de la UPV.
- La exposición de jóvenes diseñadores de juguetes Trends&kids.
- El Congreso de Redes Sociales e Infancia.
- El concurso Imagina y construye un espacio para los más pequeños, que se hizo para conmemorar el 25 aniversario de la Convención sobre los Derechos del Niño durante la Semana de la Infancia.

Por otra parte también se han realizado actividades solidarias, como gestionar la participación de 30 niños sin recursos en la Escuela de Verano de la UPV y gestionar de igual modo la cesión de un aula a la Associació d'ajut al poble saharaui, Compromiso Sahara d'Alacant.

Las mencionadas anteriormente son algunas de las actividades realizadas por el Aula de Infancia y Adolescencia, lo que la convierte en una entidad muy activa de la Universitat Politècnica de València, pese a su corta edad.

Tanto por ello como por tener una finalidad tan particular en una Universidad mayoritariamente técnica, el Aula de Infancia y Adolescencia ocupa un espacio de relevancia dentro de este trabajo.

3. Objetivos

A. Objetivo general

El objetivo general es el de proponer mejoras en la gestión del Aula de Infancia y Adolescencia de la Universitat Politècnica de València.

Para lograrlo se ha estudiado el funcionamiento interno de la entidad para lograr mediante ese análisis entender cómo se llevan a cabo cada una de las gestiones necesarias para la realización de sus diversas actividades.

Una vez recabada esa información, se procede al estudio pormenorizado de cada uno de los procesos en la organización, con mira a lograr propuestas de mejora para la organización en el Aula.

Entre los aspectos que se estudian para lograr dichas mejoras están: El personal contratado, la cantidad de personas de la organización, el organigrama constituido y su flexibilidad, el método de financiación, la fórmula de realizar la contabilidad y el reparto de tareas, entre otros. Cada uno de esos apartados son sometidos a análisis para entender cómo se plantea en la actualidad y, mediante este proyecto, poder proponer la alternativa más eficiente y eficaz.

B. Objetivos particulares

En cuanto a los objetivos particulares, se propone la confección de un listado de la situación actual de las distintas Cátedras y Aulas de empresa de la Universitat Politècnica de València, detallando el número y proporción entre ellas. Teniendo de esa manera una visión clara del panorama presente.

En segundo lugar se revisa la normativa actual: el Reglamento para la creación y funcionamiento de Cátedras y Aulas de Empresa de la Universitat Politècnica de València se compara tanto con la normativa anterior como con la de la Universidad Politécnica de Madrid para hallar puntos que sean beneficiosos de cada una de las variantes. Como por ejemplo, si el capital mínimo necesario para la creación de una institución de ese tipo es excesivo o al contrario, insuficiente para una actividad de provecho.

Otro objetivo particular beneficioso es el derivado del estudio y análisis de la gestión interna de las Cátedras y en concreto del Aula de Infancia, ya que en base a él, se llega a entender cómo funcionan esas instituciones tan particulares y los aspectos de mejora propuestos podrán ser de aplicación no solo al Aula mencionada anteriormente, sino a todas las organizaciones con actividades similares a las tratadas.

Mediante el formato en el que está realizado el presente trabajo, se convierte en un compendio muy útil para todas las Cátedras y Aulas de empresa de la Universitat Politècnica de

València, ya que en él hay información relativa a prácticamente todo lo concerniente a esas entidades.

C. Estructura propuesta

La parte previa a este estudio consta de un índice de tablas y figuras y un índice de gráficos con el fin de hacer más fácil su lectura y ayudar a su entendimiento.

El documento actual se inicia mediante una introducción que consta de un breve resumen general que trata sobre en qué consiste la materia elegida. En el punto siguiente se relatan los objetivos tanto generales como particulares del mismo, así como la estructura que sigue.

A continuación se describe el objeto de estudio, que constará de una explicación de la historia de las Cátedras en la Universitat Politècnica de València, así como la del Aula de Infancia y Adolescencia. Se expone el panorama en cuanto al número de Cátedras y Aulas de empresa y se trata el marco normativo actual y también los anteriores, tratando los cambios más importantes en cuanto a la creación y mantenimiento de las Cátedras y Aulas de Empresa. En último lugar se compara la normativa aplicada en la materia tratada con la de la Universidad Politécnica de Madrid, hallando puntos en común y también en qué se diferencian.

La metodología seguida se distingue en tres apartados principales, que son la investigación, la Reingeniería de procesos y el software gratuito. En este capítulo del trabajo es donde se analizarán los cambios que pueden ser de implantación en la mejora de la gestión.

En el siguiente capítulo se detallan los resultados obtenidos mediante la investigación llevada a cabo.

En los últimos apartados se describen las propuestas de mejora y conclusiones obtenidas en el presente estudio, relativas tanto al Aula de Infancia y Adolescencia como a las demás entidades que se dediquen al mismo campo.

Se incluye al final tanto la bibliografía utilizada, siguiendo las normas estipuladas para la redacción de un Trabajo Final de Grado por parte de la Universitat Politècnica de València, como los anexos considerados de interés para la realización de este proyecto, pudiendo así profundizar en algunos de los contenidos tratados en él.

II. METODOLOGÍA

II. METODOLOGÍA

1. Investigación

Este apartado de Investigación tiene como meta entender cómo se organizan y gestionan las distintas Cátedras y Aulas de empresa en la Universitat Politècnica de València, con especial detenimiento en el Aula de Infancia y Adolescencia.

Esa meta se desarrolla mediante dos partes principales:

- La primera es utilizando la información que he recabado colaborando como voluntario en el Aula de Infancia y Adolescencia desde septiembre del año 2014.

- La segunda es a partir de encuestas realizadas por las Cátedras y Aulas más activas del año 2015, para lograr una visión clara y concisa sobre cómo se administran las organizaciones y qué método es el más común entre ellas.

Durante el tiempo en el que he estado colaborando con el Aula he participado en diversas actividades que ha realizado. También he ayudado en aspectos básicos de organización por lo que he podido observar cómo se desarrolla, en qué consisten las actividades habituales y los aspectos positivos y negativos de la misma. Más adelante se relatan los aspectos más importantes relativos a la administración del Aula de Infancia.

El Aula de Infancia y Adolescencia funciona sin personal contratado, utilizando a voluntarios para sus actividades y gestiones, además de su Director, el profesor Vicente Cabedo Mallol. En la actualidad asisten en las tareas del Aula principalmente dos personas.

En segundo lugar, cabe mencionar que el Aula no posee un organigrama fijo, siendo el Director, en principio, el único aspecto inamovible de la estructura que posee la organización.

Otro aspecto reseñable es la financiación del Aula, ya que a diferencia de la mayor parte de Cátedras y Aulas de empresa de la Universitat Politècnica de València, es financiada por numerosas empresas. El acuerdo actual está formado por doce entidades. El aspecto positivo de ese tipo de financiación es la publicidad, ya que cada acto del Aula es publicitado por cada una de las entidades. Sin embargo, una Cátedra que sea financiada por una sola entidad tiene mayor facilidad en cuanto a la renovación y la dotación de fondos.

La contabilidad del Aula de Infancia y Adolescencia se ha llevado por la administración del Departamento de Urbanismo, en el primer año de forma altruista y en la actualidad se destina un cinco por ciento del presupuesto del Aula para estas tareas.

Las tareas y actividades realizadas no siguen un reparto de ocupaciones prefijado, ya que el organigrama no es fijo. Para cada actividad que se realiza se asignan los cometidos de forma distinta en base a su particularidad.

El aspecto más positivo en cuanto a la gestión y organización del Aula de Infancia y Adolescencia surge, curiosamente, a raíz de un aspecto negativo. La falta de una estructura organizativa y de personal contratado conlleva la necesidad de la presencia del Director en todas las actividades y tareas que se llevan a cabo.

Una vez estudiada el Aula se ha realizado un Árbol de problemas, que es una herramienta muy útil para identificar las causas del problema central y sus efectos:

Tabla 1 Esquema Árbol de problemas

Efectos	Menor tiempo para dedicar a los aspectos directivos del aula	Fatiga	Esfuerzo excesivo
Problemas secundarios	Dedicación excesiva por parte del Directos en tareas administrativas	Falta de eficiencia	
Problema Central		Desorganización	
Causas	Falta de personal	Falta de un método de reparto de tareas	

Tabla 2 Tabla explicativa Árbol de problemas

Cuando se han determinado todos los aspectos mejorables del Aula se realiza la elaboración del Árbol de soluciones, cuyo fin es hallar formas satisfactorias de solventar los problemas encontrados.

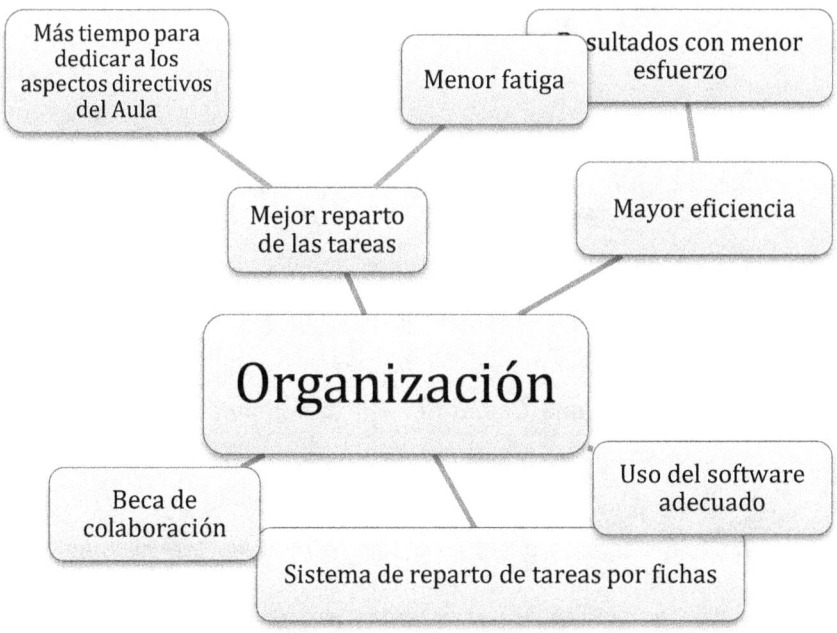

Tabla 3 Esquema Árbol de soluciones

Fines indirectos	Más tiempo para dedicar a los aspectos directivos del aula	Menor fatiga	Resultados con menor esfuerzo
Fines directos	Mejor reparto de las tareas		Mayor eficiencia
Objetivo general		Organización	
Medios	Beca de colaboración	Sistema de reparto de tareas por fichas	Uso del software adecuado

Tabla 4 Tabla explicativa Árbol de soluciones

Tras el análisis del Aula de Infancia y Adolescencia, se ha procedido a determinar los aspectos organizativos de mayor relevancia para una Cátedra o Aula de empresa. Se ha llevado a cabo una encuesta, realizada por internet mediante Google Forms, para así facilitar la participación sin necesidad de que los Directores de cada Cátedra o Aula tuvieran que rellenarla presencialmente.

Era importante poder contar con la información aportada por las entidades que habían realizado más actividades en el último periodo para poder comparar sus modelos de gestión y averiguar, mediante esa actividad, si había un modelo de éxito común en las Cátedras y Aulas de empresa. Las preguntas realizadas fueron las siguientes[1]:

---

[1] En los anexos se incluye el modelo utilizado de encuesta

- Personal contratado (Con qué tipo de personal cuenta la organización para llevar a cabo sus actividades cotidianas):
    - Personal fijo
    - Personal temporal
    - Voluntarios
    - Beca de colaboración
    - Colaboradores incluidos en el organigrama
    - Otro:
- Cantidad de personas que trabajan en la organización:
    - 1
    - 2
    - 3
    - 4
    - 5
    - 6
    - 7
    - >7
- Tipo de organigrama (Mediante que capital humano se llevan a cabo las actividades realizadas):
    - Organigrama fijo para todas las actividades

- Organigrama flexible y variable en respuesta a las necesidades
- Otro:

- Cátedra o aula de empresa:
  - Cátedra
  - Aula de empresa
  - Aula de empresa y previamente Cátedra
  - Cátedra y previamente Aula de empresa

- Financiación:
  - Totalmente aportada por una empresa
  - Aportada por dos o más empresas
  - Otro:

- Contabilidad (Cómo se lleva a cabo la contabilidad de la organización):
  - Personal Contratado propio
  - Empresa gestora externa
  - Mediante la Universidad
  - Otro:

- Reparto de actividades o tareas (Qué metodología se sigue para repartir las distintas labores):

- Tareas contempladas en el organigrama
- Mediante un coordinador
- De formas distintas según cada actividad
- Otro:

• Aspecto positivo relativo a la organización (El punto que tiene un mejor funcionamiento relativo a la gestión u organización):

• Aspecto negativo relativo a la organización (El punto que necesita mejorar o que suele conllevar problemáticas relativas a la gestión u organización):

En cuanto a la encuesta realizada a las demás organizaciones, lo primero es señalar que el plazo de realización de este trabajo coincide con el de renovación de las entidades, por lo que no ha sido posible contar con respuestas por parte de todas y cada una de las Cátedras y Aulas de empresa, al estar algunas de estas en un periodo de incertidumbre e inactividad en otros casos. Sin embargo, se ha podido contar con la participación de prácticamente la totalidad de las más activas y por otra parte, se ha conseguido una muestra muy representativa de la población, al estar por encima del setenta por ciento[2].

---

[2] Véase Anexo con resultados obtenidos en la encuesta.

El primer punto analizado en la encuesta, como se ha señalado anteriormente, fue sobre el tipo de personal contratado por la Cátedra:

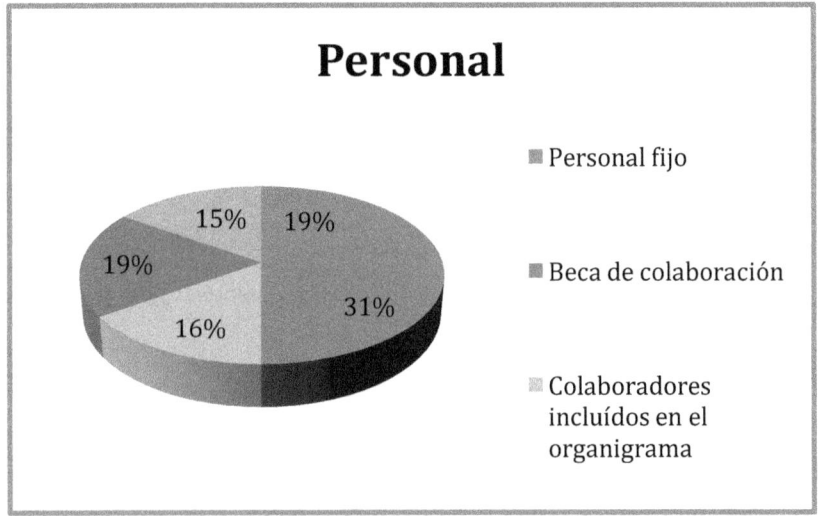

Ilustración 1 Tipo de personal contratado utilizado en Cátedras y Aulas

Como se puede observar los resultados son muy diversos, sin embargo, el método más utilizado es la beca de colaboración, que es una forma de realizar las tareas necesarias en una Cátedra o Aula utilizando a los alumnos en el proceso, quienes se benefician de ello tanto económicamente como adquiriendo experiencia y conocimientos.

Las becas utilizadas son concretamente Becas Formativas de Colaboración UPV de Tipo A, que están ideadas para complementar la formación del alumno mediante la participación en el desarrollo de actividades, colaborando o ayudando en un departamento, centro, instituto o servicio. Los criterios de evaluación y selección del becario serán previstos en la misma convocatoria y tiene una dedicación máxima no superior a tres horas diarias, lo cual se adecua a las necesidades de una Cátedra o Aula de empresa, ya que en principio no necesitaría una persona trabajando a tiempo completo.

Para convocar una beca de colaboración de la UPV de tipo A se ha de cumplimentar y entregar en el Registro General el formulario disponible en la web de la Unidad de Becas[3]

En relación al Organigrama de las organizaciones se han obtenido los siguientes resultados:

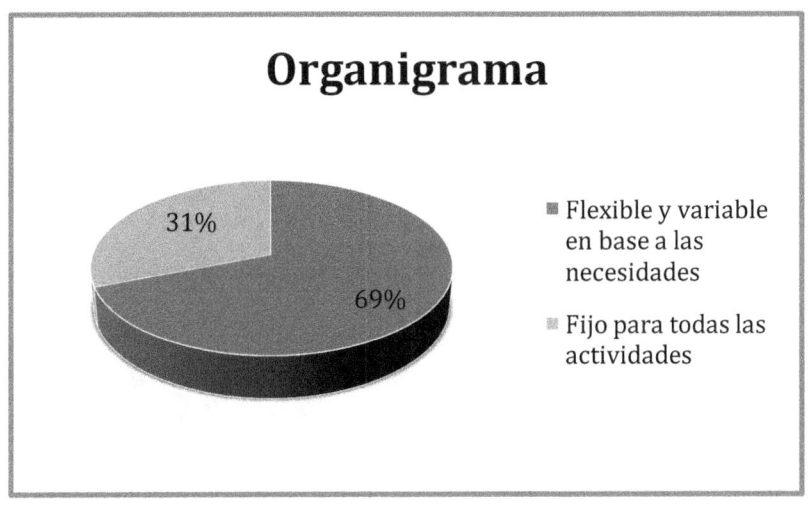

Ilustración 2 Tipo de organigrama utilizado

---

[3] Documento adjuntado en el apartado Anexos del presente trabajo.

Los resultados aportan una mayoría muy pronunciada a favor del organigrama flexible y variable, respondiendo en cada momento a las necesidades y tipo de actividades que se realizan. Su posible explicación radica en la diversidad de materia y tipos de operaciones que realizan las Cátedras y Aulas de empresa, por lo que la necesidad de ajustarse a cada una de ellas es muy necesaria.

La siguiente gráfica explica los datos obtenidos mediante la pregunta sobre si se trataba de una Cátedra o Aula de empresa.

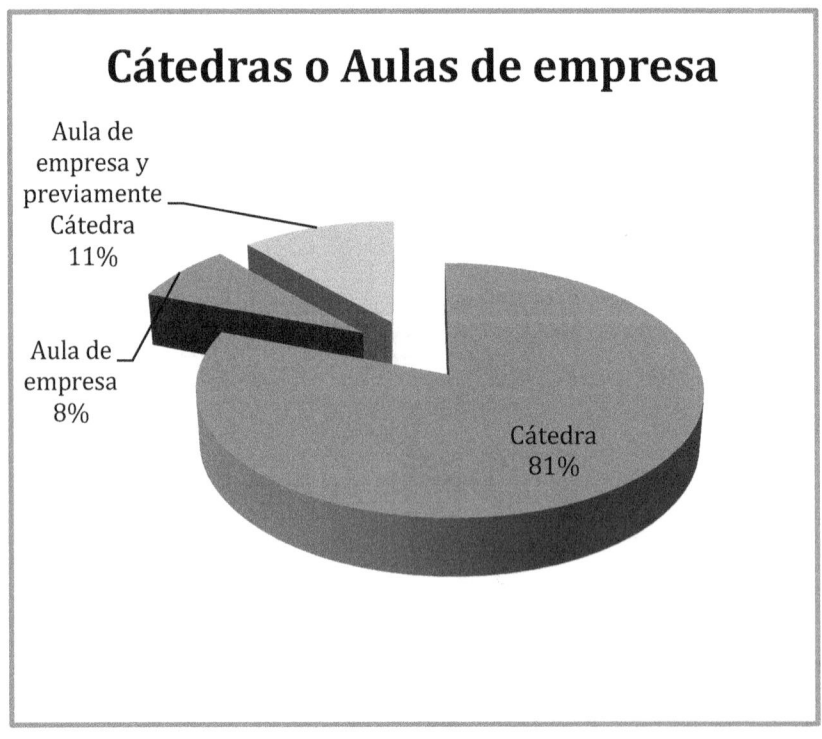

Ilustración 3 Proporción Cátedras y Aulas en base a encuesta realizada

Del gráfico anterior se pueden sacar dos impresiones principales:

- La primera de ellas es que las Aulas de empresa eran en buena medida Cátedras anteriormente, probablemente por dificultades para lograr los treinta mil euros para la renovación se transformaron el Aulas de empresa, ya que la dotación económica es la mitad.
- La segunda de ella es que las Aulas de empresa han logrado sus renovaciones con mayor antelación, ya que ninguna de ellas falta en el análisis de la encuesta.

El próximo punto tratado es sobre la financiación de las entidades y mediante cuantas empresas se realiza:

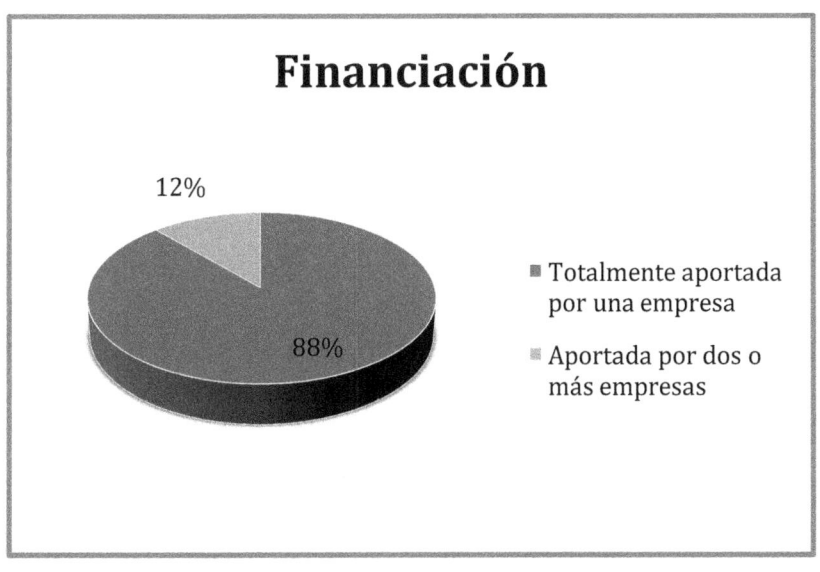

Ilustración 4 Financiación Cátedras y Aulas de empresa

Es posible observar cómo la gran mayoría de las entidades se financian mediante una única empresa. Ese tipo de financiación tiene sus aspectos positivos y negativos, siendo los primeros que la renovación y dotación económica es más sencilla de realizarse, ya que la aporta una única entidad y como aspecto negativo que los actos llevados a cabo por la Cátedra o Aula de empresa solo se publicita por una empresa.

El siguiente aspecto tratado es uno que causa especial complicación, principalmente en las Cátedras y Aulas de nueva creación:

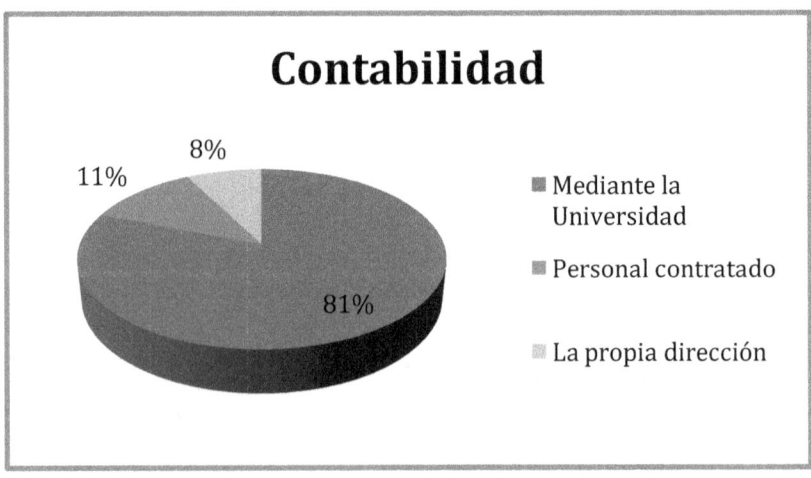

Ilustración 5 Forma de realizar la contabilidad

La generalidad de las entidades realizan su contabilidad necesaria mediante la propia Universidad.

En cuanto al reparto de actividades:

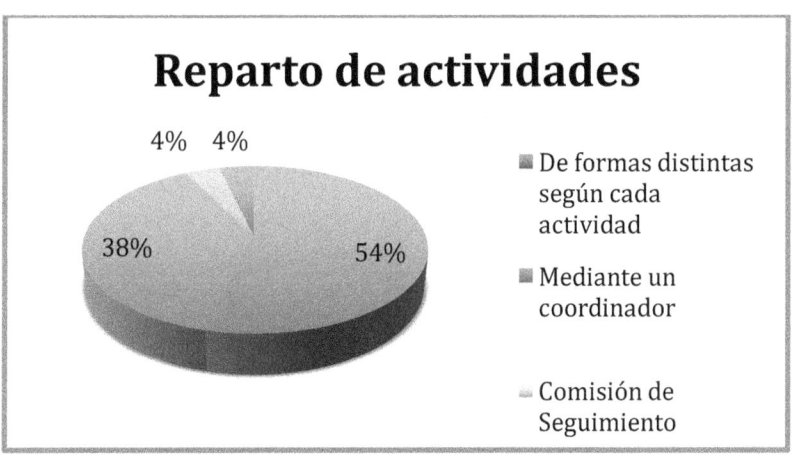

Ilustración 6 Método de reparto de actividades

El reparto de actividades se desarrolla mediante dos formas primordiales, siendo la principal de ellas una muy variable puesto que se distribuye de forma distinta según cada actividad. La segunda forma más utilizada es la del coordinador, que quizás sea la más organizada de las señaladas previamente.

El siguiente es uno de los puntos analizados que mayor interés puede tener para lograr comprender la dimensión y el funcionamiento de las Cátedras y Aulas de empresa.

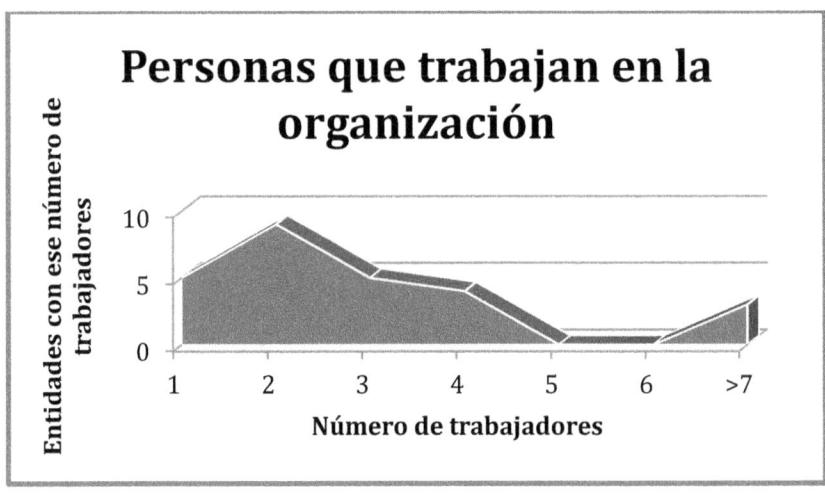

Ilustración 7 Número de personas en las organizaciones

Las entidades desarrollan sus actividades cotidianas mediante poco personal, siendo lo más común el organigrama con dos trabajadores.

Se ha establecido al final de la encuesta la posibilidad de decir cual era según cada Cátedra o Aula de empresa los aspectos positivos y negativos tanto de la organización como de todo lo relacionado a ella.

Los aspectos positivos giraban en torno a la disposición de los centros y el personal administrativo a ayudar en la gestión de las Cátedras, con especial mención por una parte al apoyo del Servicio Integrado de Empleo y al Personal de Administración y Servicios.

Los aspectos negativos se basaban en la lentitud de los trámites necesarios para las actividades normales de una Cátedra o Aula de empresa, falta de fluidez en lo relativo a los procesos de registro de ingresos y la gestión económica. En definitiva, buena parte de la dedicación a las organizaciones tratadas son para gestiones y administraciones básicas, cuando las Cátedras y Aulas de empresa querrían, en algunos casos, dedicarse únicamente a sus actividades y que las gestiones las realizara la propia Universidad, o aportando apoyo a un coste razonable.

Los aspectos positivos son relativamente generales y coinciden en su mayoría. Sin embargo, los negativos son muy diversos y tienen en cuenta factores muy distintos además de variar según la Entidad Universitaria a la que esté adscrita la Cátedra o Aula de empresa, ya que lo que algunas organizaciones valoraban como un aspecto ventajoso en otras era todo lo contrario.

2. Reingeniería de procesos aplicada al Aula de Infancia y Adolescencia

En el tiempo que he estado colaborando como voluntario en diversas actividades realizadas por el Aula de Infancia y Adolescencia, me he encontrado una problemática relativa a la organización y reparto de las actividades. El Aula carece de personal contratado, al igual que buena parte de las Cátedras de la Universitat Politècnica de València, por lo que las distintas tareas que puedan surgir no están repartidas de antemano mediante un organigrama fijo.

La situación relatada anteriormente conlleva que cualquier labor que necesite ser ejecutada pase, necesariamente, por el Director que, o bien la realiza directamente o ha de buscar a la persona apropiada y describir la tarea que debe hacer, para cuándo, de qué manera y una larga lista de añadidos que muchas veces resultaba o por una parte larga o por otra incompleta. En cuyo caso, la persona en quien recaía dicha labor, carecía de información necesaria para completarla, o al menos para completarla satisfactoriamente.

Las consecuencias derivadas son diversas: Por una parte, el sobresfuerzo necesario del Director y por otro, que los resultados no sean todo lo eficaces o eficientes que pudieran ser.

Teniendo en cuenta el dilema planteado anteriormente, se han buscado soluciones o métodos de organización distintos, que pudieran ayudar a que el reparto de tareas fuera más sencillo. Uno de los conceptos encontrados es la Reingeniería de procesos, que se describirá a continuación. También se explicará cómo se puede aplicar el concepto al Aula de Infancia y Adolescencia y en definitiva a cualquier organización pequeña que necesite distribuir distintas labores.

La definición más extendida es la dada por los padres del concepto Reingeniería de procesos, Hammer y Champy (1994, p:32):

"Reingeniería es la revisión fundamental y el rediseño radical de procesos para alcanzar mejoras espectaculares en medidas criticas y contemporáneas de rendimiento, tales como costos, calidad, servicio y rapidez"

Si bien es cierto que no se aplicará completamente, se ha elegido la parte de interés de la metodología que se aplicará; la de establecer secuencias nuevas e interacciones en los procesos administrativos. Se reconfigura la manera de realizar las tareas planteándose preguntas como: ¿Por qué lo hacemos de esta forma? y ¿por qué hacemos lo que hacemos?

En concreto en el caso del Aula de Infancia y Adolescencia no se ha de aplicar la Reingeniería de procesos como concepto global, ya que los resultados del Aula son más que positivos y solo se va a utilizar la parte de la metodología conveniente a los aspectos que se buscan mejorar.

En definitiva, se vuelve a definir el método utilizado para asignar tareas para cumplir dos fines principales y necesarios: Que el Director tenga menor carga de trabajo administrativo común y pueda dedicarse a las labores del Aula en mayor profundidad y el segundo fin es que el que reciba la encomienda de una tarea sepa exactamente qué debe hacer, cómo, cuándo y sin lugar a dudas o a errores en su labor, para así lograr un resultado más favorable que anteriormente.

La solución encontrada para reestructurar el reparto de las tareas es la creación de unas fichas prediseñadas que contengan campos para rellenar en base a cada una de las actividades que se deban encomendar a distintas personas. Mediante ese modelo, el Director tan solo ha de rellenar dicha ficha y remitirla a la persona encargada a repartir (coordinador) o a realizar la tarea, y por otra parte, el que reciba esa información, contará con todos los aspectos que sean necesarios para la correcta ejecución de la labor.

A continuación, se muestran como ejemplos cinco fichas que engloban gran parte de las actividades que he tenido que realizar en el voluntariado del Aula de Infancia y Adolescencia.

La primera ficha está realizada para una actividad bastante corriente, ya que numerosas veces acuden grupos externos para distintos tipos de actividades. Ellos no conocen las ubicaciones dentro de la Universidad y necesitan a alguien que los recoja en un punto de encuentro acordado previamente y los lleve al edificio o lugar donde se va a llevar a cabo la actividad, conferencia, etc.

Recoger y acompañar un grupo			
Nombre grupo:		En caso de dudas o incidencias:	
Recoger en	Lugar:	Contacto Aula:	
	Fecha y hora:		
		Contacto Grupo visitante:	
Llevar a	Lugar:		
	Hora:		
Descripción actividad:			

Tabla 5 Ficha modelo para recoger y acompañar grupo

Mediante la ficha anterior quedarían solventados algunos de los problemas actuales, como por ejemplo; carecer de una forma de contacto con el grupo visitante (en el caso de que se perdieran), o tener concretada la actividad, lo cual es muy útil ya que suelen venir cargados de preguntas, en especial los menores.

Otra de las tareas comunes en cuanto a administración básica en una entidad es la de llegar a un acuerdo entre varias partes para organizar un evento de cualquier tipo en una fecha concreta, ya que la disponibilidad de cada una de las partes suele ser diferente. Si bien es cierto que no se trata de una tarea difícil ni complicada, sí consiste en una larga labor ya que implica muchos contactos entre las partes hasta lograr un acuerdo que sea satisfactorio y aceptable, por lo que lo más adecuado en este caso es que el Director remita las directrices a una persona encargada de contactar con los interesados hasta llegar a un acuerdo.

Organizar una charla, conferencia o acto			
Nombre y dirección contactos:		En caso de dudas o incidencias:	
		Contacto Aula:	
Posibles fechas a proponer:			
Posibles horarios a proponer:		Contacto visitante:	
Lugar de la actividad:			
Remuneración:			
Descripción actividad:			

Tabla 6 Ficha modelo para organizar un evento

El Aula de Infancia realiza actividades dirigidas a los jóvenes, y cuando los grupos venidos de diversos colegios acuden a esas actividades, además del monitor que habitualmente les acompaña, el Aula añade un acompañante que está informado sobre el programa que se va a llevar a cabo y conduce y asiste al grupo a lo largo de la jornada, solventando dudas y ayudando si es necesario en las actividades.

Conducir a un grupo durante una jornada			
Fecha, lugar y hora donde recoger:		En caso de dudas o incidencias:	
Fecha, lugar y hora de la actividad:		Contacto Aula:	
Nombre grupo y colegio:		Contacto visitante:	
Descripción actividad:			
Programa de la actividad:			

Tabla 7 Ficha modelo para acompañar un grupo

Otras veces, es necesario ayudar en la redacción de distintos tipos de documentos como por ejemplo la memoria de una actividad o el cartel de un evento que se va a realizar, lo cual puede ser realizado por cualquier persona si posee la información necesaria para poder realizarlo y que se adecue a las necesidades.

Realizar un documento	
Tipo de documento:	En caso de dudas o incidencias:
Fecha máxima entrega:	Contacto Aula:
Información se obtiene en:	
Descripción documento:	
Descripción formato:	

Tabla 8 Ficha modelo para realizar un documento

Por último lugar, y una de las actividades más comunes es la de sencillamente acudir a un evento para colaborar con lo que sea necesario. En ese caso es muy sencillo el documento que se habría de entregar a quien fuera a realizar esa labor:

Colaboración	
Fecha, lugar y hora donde estar:	En caso de dudas o incidencias:
	Contacto Aula:
Descripción Actividad:	

Tabla 9 Ficha modelo de colaboración general

En conclusión, mediante el sistema de fichas, el Director de la entidad puede ahorrarse tiempo en las gestiones menores para poder dedicarse a los aspectos más importantes de la Cátedra o Aula de Infancia. Por otra parte, la persona a la que le sea asignada la tarea, tendrá información plena sobre lo que debe hacer, pudiendo concluir sus labores de una forma más efectiva y eficiente.

3. Software gratuito

Este apartado del trabajo trata en general sobre cómo utilizar las nuevas tecnologías para hacer más sencillas las labores que se realizan en las Cátedras y Aulas de empresa, y en particular sobre cómo hacerlo de una manera muy económica y pensando principalmente en dotar el ordenador de la sede de la entidad con los programas necesarios y que más se utilizarán.

El primer paso para poder usar software de calidad gratuito es conocer la plataforma DreamSpark[4], con la que la Universitat Politècnica de València posee un acuerdo. Dicha plataforma consiste en una evolución de la licencia MSDN Academic Alliance, que permite adquirir licencias de diversos tipos con propósitos docentes y de investigación, por lo que será un buen aliado de las Cátedras y Aulas de empresa, ya que comparten propósitos.

Lo primero que tendremos que tener en el ordenador de la sede es un sistema operativo. En caso de que no haya venido instalado previamente, mediante DreamSpark es posible adquirir licencias de Sistemas Operativos Windows de manera gratuita.

Otro instrumento muy interesante, en este caso para ayudar a la gestión de la organización, es el Microsoft Project, que consiste en un software de administración de proyectos que sirve para desarrollar planes, asignar recursos a tareas, seguir el progreso realizado, controlar el presupuesto y también las cargas de trabajo.

---

[4] Véase: https://www.upv.es/entidades/ASIC/software/740985normalc.html (Enlace de la UPV a DreamSpark e introducción sobre como utilizarlo).

Es de gran utilidad sobretodo frente a grandes actividades o proyectos que engloban a muchas partes. Mediante DreamSpark también resultaría gratuito.

A continuación se detallarán los programas que ayudarán a la entidad de una u otra forma. En los siguientes casos se tratan de programas libres o gratuitos[5], por lo que además de contribuir a la gestión, lo harían de manera gratuita.

Una de las necesidades primordiales es la de poseer un paquete de oficina, en este caso libre y de código abierto. Si bien hay varios y todos muy aceptables, en este trabajo se propone LibreOffice, desarrollado por The Document Foundation y cuenta con todo lo necesario para la actividad corriente de una Cátedra o Aula de empresa: Un procesador de texto, un editor de hojas de cálculo, un gestor de presentaciones, un gestor de bases de datos, un editor de gráficos vectoriales y un editor de fórmulas matemáticas.

Aunque LibreOffice cuenta con un programa de presentaciones, otra herramienta muy interesante es Prezi, que además de realizar presentaciones de una forma más fluida y novedosa, guarda sus presentaciones en la nube por lo que se puede acceder a ella desde cualquier ordenador conectado a la red. Como añadido, se puede acceder con fines educativos a una

---

[5] Las principales diferencias entre el software gratuito y el libre residen en la posibilidad de modificarlo y en las restricciones a la hora de distribuirlo, al no afectar la materia de este trabajo no se entrará en profundidad en la materia.

licencia mejor que la gratuita denominada Edu Enjoy[6], en la que se tendrá 4gb de almacenamiento y lo subido a la red será privado(mediante la licencia gratuita el contenido es público).

El siguiente es un programa muy interesante realizado por Jesús Martínez, que se llama Gestión MGD[7], y consiste en un programa de contabilidad de uso gratuito. Sus ventajas son que está adaptado a la fiscalidad española y es de uso relativamente sencillo. Si bien es cierto que en relación a los demás programas de contabilidad, éste es de fácil utilización, es necesario poseer algún conocimiento previo o mucha voluntad de aprendizaje para poder llevar la contabilidad de una entidad. Por lo que está opción se reserva para quienes ya posean conocimientos previos en materia de contabilidad.

Otra de las actividades que se suelen realizar en las Cátedras y Aulas de empresa es la publicación de distintos medios, ya sean libros, revistas o en otro formato. Para realizar las publicaciones se ha de maquetar los contenidos que se reciben, lo cual es una tarea pesada y que conlleva mucho tiempo. Para facilitar esa labor es posible utilizar el proyecto iniciado por Franz Schmid denominado Scribus, que no es más que un programa libre de maquetación de páginas disponible en diversos idiomas y para numerosos sistemas operativos. Scribus es muy intuitivo y ahorra

---

[6] A fecha de 2015, las licencias y requisitos suelen cambiar.
[7] Véase la página web del autor, ya que posee varios tutoriales y guías para la correcta utilización del programa http://ciberconta.unizar.es/leccion/gestionmgd/inicio.html

muchísimo tiempo en cuanto a la maquetación de los distintos materiales para su posterior publicación.

Entre las tareas realizadas a menudo también se encuentra la de anunciar eventos de toda clase, ya sean conferencias, charlas, actividades o entregas de premios, para lo cual siempre es necesaria la publicación y publicitación de la actividad. Para realizar los carteles normalmente se han utilizado procesadores de texto o de presentaciones, que cumplen su cometido pero no logran un resultado muy llamativo. En respuesta a las necesidades publicitarias más actuales existen diversos portales y programas que permiten la creación de carteles de las más variadas clases de manera gratuita e intuitiva, uno de ellos es la plataforma Easel-ly, mediante la cual en pocos minutos se puede realizar un cartel publicitando un evento con un aspecto muy novedoso y profesional.

Una de las necesidades básicas para cualquier tipo de actividad que englobe a más de una persona es la de tener acceso a toda la documentación actualizada en todo momento, para así poder agregar los cambios necesarios y que todos los participantes en dicha actividad tengan acceso al documento actual. El método tradicional consistía en enviarse múltiples correos electrónicos, y solía acabar con diversas versiones del mismo documento y un problema de organización. Hay muchísimas formas de mantener los documentos compartidos en la nube entre un grupo predeterminado y de esa manera poder ver cambios realizados, quién hizo tales cambios y numerosas ventajas más. Los dos más comunes y utilizados son Google Drive y Dropbox, cualquiera de los dos cumplirían el cometido.

Por último, se comentará un caso sucedido con el Aula de Infancia y Adolescencia: Desde hace tiempo se llevan realizando gestiones para agregar una biblioteca del Aula, bien a la biblioteca de la Facultad de Administración y Dirección de Empresas o bien a la Biblioteca General. Sin embargo, los trámites se demoran y una de las alternativas que se ha planteado ha sido la de montar dicha biblioteca en la misma sede del Aula de Infancia y Adolescencia. Sin embargo, esa nueva posibilidad conlleva la dificultad añadida sobre cómo organizar y gestionar una biblioteca. Tras un trabajo de investigación, se han encontrado varios programas libres o gratuitos que están destinados a la gestión y administración de bibliotecas, realizando entre otras tareas: Consultas bibliográficas, altas de libros, gestión de los préstamos, listados actualizados, etc. Uno de los programas es Biblioteca 2000[8] realizado por Daniel Pajuelo Vásquez como proyecto final de carrera y siendo un programa antiguo, posee todo lo necesario para gestionar una biblioteca. Otra opción y la más extendida es el programa Biblio[9], destinada al mismo fin pero concretada para su utilización en centros educativos.

---

[8] Véase página del autor Biblioteca 2000, cuenta con tutoriales sobre su utilización: http://smdani.marianistas.org/biblioteca-2000-descargar/
[9] Véase página web del programa Biblio, muy trabajada y con diversas guías: http://perso.wanadoo.es/joseagrana/biblio/bib_pag_inic.htm

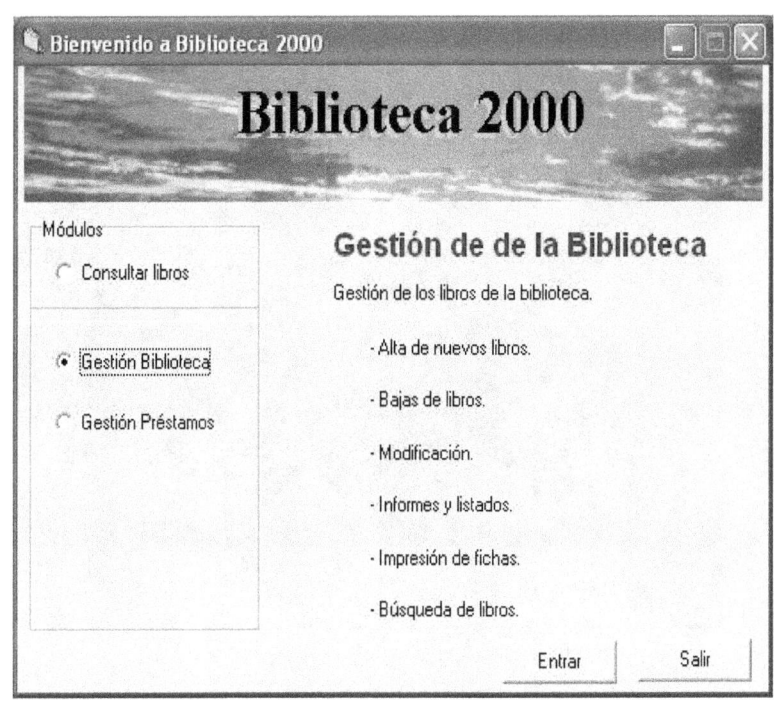

[10] Tabla 10 Imagen ilustrativa Biblioteca 2000

---

[10] Fuente: http://smdani.marianistas.org

[11] Tabla 11 Imagen ilustrativa Biblio

En conclusión, el uso de las nuevas tecnologías y en especial del software gratuito y libre es una herramienta que puede ayudar a realizar una gestión eficiente y eficaz de cualquier tipo de entidad, incluyendo las Cátedras y Aulas de empresa.

---

[11] Fuente: http://perso.wanadoo.es/joseagrana/biblio/index.htm

III. SITUACIÓN ACTUAL

III. SITUACIÓN ACTUAL

1. Situación actual

En este apartado se expondrá el panorama actual en la Universitat Politècnica de València en cuanto a las Cátedras y Aulas de empresa. Para ello, se detallará el número de cada una de las entidades mencionadas anteriormente.

A continuación se puede observar en la gráfica la evolución cuantitativa de las entidades desde el año 2005 hasta la actualidad.

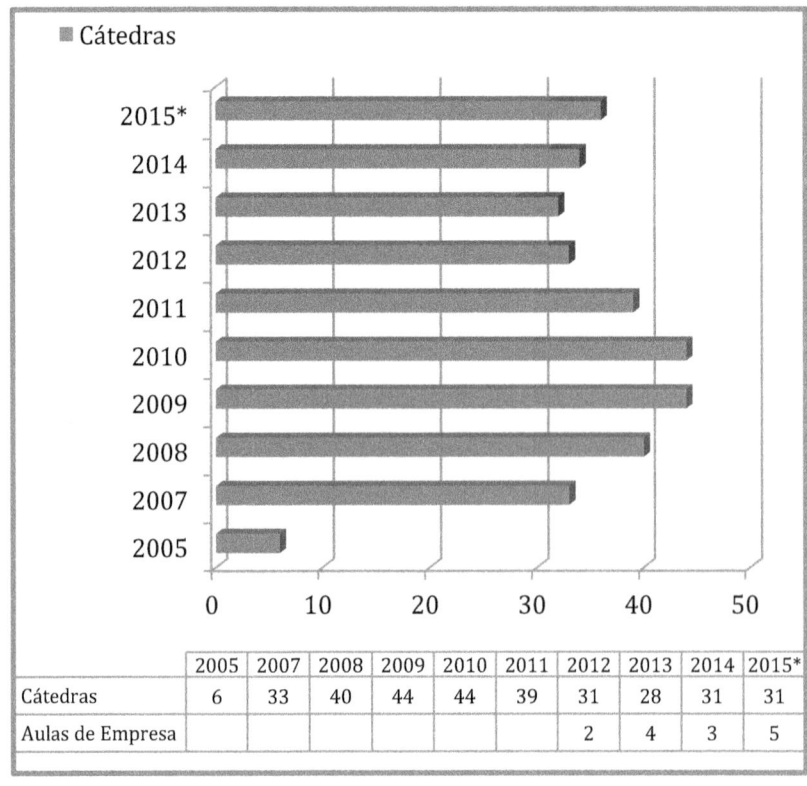

	2005	2007	2008	2009	2010	2011	2012	2013	2014	2015*
Cátedras	6	33	40	44	44	39	31	28	31	31
Aulas de Empresa							2	4	3	5

Ilustración 8 Evolución Cátedras y Aulas entre 2005 y 2015-UP

Año	Cátedras	Aulas de Empresa
2005	6	-
2007	33	-
2008	40	-
2009	44	-
2010	44	-
2011	39	-
2012	31	2
2013	28	4
2014	31	3
2015*	31	5

[12] Tabla 12 Número de Cátedras y Aulas de empresa por año-UPV

En la actualidad, se estima que hay 31 Cátedras y cinco Aulas de Empresa activas en la Universidad. Los datos relacionados al año 2015 aún no son del todo exactos ya que todavía no se ha realizado la memoria sobre las actividades anuales, aunque no deberían alejarse de las cifras redactadas al haberse elaborado en base al listado actualizado otorgado por el Programa de Cátedras de Empresa.

Más adelante se realiza un análisis sobre si los cambios relativos al número de las organizaciones tratadas depende directamente del tipo de normativa aplicada en cada uno de los momentos por la Universidad, facilitando o al contrario, dificultando la creación o permanencia en el tiempo de las entidades.

---

[12] Datos recopilados en base a los documentos anuales de Memoria sobre las Cátedras de Empresa, a excepción del año 2005 (aún no se elaboraba) y el año 2015, que a fecha de la realización de este trabajo no estaría terminado.

El órgano de mayor peso, en cuanto a la dirección, es la Comisión de seguimiento que está compuesto por representantes de la Universidad y por representantes de la empresa promotora. Cada una las entidades posee además un Director al que corresponde la dirección de las actividades y la gestión económica de la Cátedra o Aula. El director ha de ser profesor en la Universidad. El Vicerrectorado que posea competencias en materia de empleo presenta la propuesta al Rectorado, y éste nombrará al Director.

Nombre entidad	Director
Cátedra ACAL	Colomer Ferrandiz, José Vicente
Cátedra AIMPLAS	Salvador Moya, Mª Dolores
Cátedra Alcoy Ciudad del Conocimiento	Torregrosa López, Juan Ignacio
Cátedra Arte y Enfermedades	Miralles Crisóstomo, José
Cátedra Bayer CropScience	Giner Gonzálbez, Juan
Cátedra Blanca - CEMEX	Mas Llorens, Vicente
Cátedra CAJAMAR-UPV de Economía Social	Juliá Igual, Juan
Cátedra Cardiovascular Eves/Ferrer	Rodríguez de Sanabria Gil, Rafael
Cátedra Cerámica Ascer	Miguel Arbonés, Eduardo María de
Cátedra Ciudad de Valencia	Millet Roig, José
Cátedra COIICV	Aragonés Beltrán, Pablo
Cátedra Consum	Buitrago Vera, Juan Manuel
Cátedra CSA	Miguel Sosa, Pedro
Cátedra Cultura Directiva y Empresarial	Millet, José
Cátedra DKV de Arte y Salud	Chafer Bixquert, Teresa
Cátedra Fulton	Blanca Giménez, Vicente
Cátedra Galileo Galilei "GASTAD"	Espinos Gutierrez, Francisco Juan
Cátedra Gedestic	Ferri, César

Cátedra Heineken	Alcañiz, Mariano
Cátedra Human Behaviour & Focus Values	García Gallego, Carlos
Cátedra Innovación Campus de Gandía	Marín-Roig Ramón, José
Cátedra Innovación Clínica	Venezuela Juan, Rosa
Cátedra Juan Arizo Serrulla	Monfort Mulinas, Arturo
Cátedra Municipios Sostenibles	Blasco Sánchez, María del Carmen
Cátedra Smart City	Llorca, Manuel
Cátedra Tecnologías para la Salud	Pastor López, Oscar
Cátedra Telefónica	González Salvador, Alberto
Cátedra Tierra Ciudadana	García Álvarez-Coque, José María
Cátedra Torrecid	Iborra Clar, María Isabel
Cátedra Vicente Serradell CSN	Verdú, Gumersindo
Cátedra Vossloh	Hoyas Calvo, Sergio
Aula Cemex Sostenibilidad	Palomares Gimeno, Antonio Eduardo
Aula HNA	Álvarez, Eva
Aula Infancia y Adolescencia	Cabedo Mallol, Vicente
Aula Prosegur	Iribarren, César
Aula Jóvenes emprendedores Bancaja	Juan Bataller

[13] Tabla 13 Listado entidades y Directores-UPV

Igualmente, cada uno de los centros docentes de la Universitat Politècnica de València, cuenta con un Subdirector de Cátedras en el que recae tareas de organización y coordinación.

---

[13] Listado de Cátedras, Aulas de empresa y sus respectivos directores en el 2015.

Centro	Subdirector
Escuela Politécnica Superior de Alcoy	Josefa Mula Bru
Escuela Politécnica Superior de Gandía	Francisco Camarena Femenia
Escuela Técnica Superior de Arquitectura	Eva María Álvarez Isidro
Escuela Técnica Superior de Gestión en la Edificación	María Begoña Fuentes Giner
Escuela Técnica Superior de Ingeniería Informática	César Ferri Ramírez
Escuela Técnica Superior de Ingeniería del Diseño	Sergio Hoyas Calvo
Escuela Técnica Superior de Ingeniería Geodésica, Cartográfica y Topográfica	Fernando Buchón Moragues
Escuela Técnica Superior de Ingenieros Industriales	Inmaculada Concepción Garrudo Antona
Escuela Técnica Superior de Ingenieros de Telecomunicación	Germán Ramos Peinado
Escuela Técnica Superior de Ingeniería Agronómica y del Medio Natural	Pedro Beltrán Medina
Facultad de Administración y Dirección de Empresas	Gabriela Ribes Giner
Facultad de Bellas Artes	María Angeles López Izquierdo

Tabla 14 Listado Centros y Subdirectores

También resulta relevante observar la relación proporcional que existe entre Cátedras y Aulas de empresa, ya que al necesitar un presupuesto inferior, son una muestra clara sobre si el impedimento en la creación de las Cátedras es meramente de carácter económico o no, aunque en el apartado de investigación se entrará a en la materia con un mayor detenimiento.

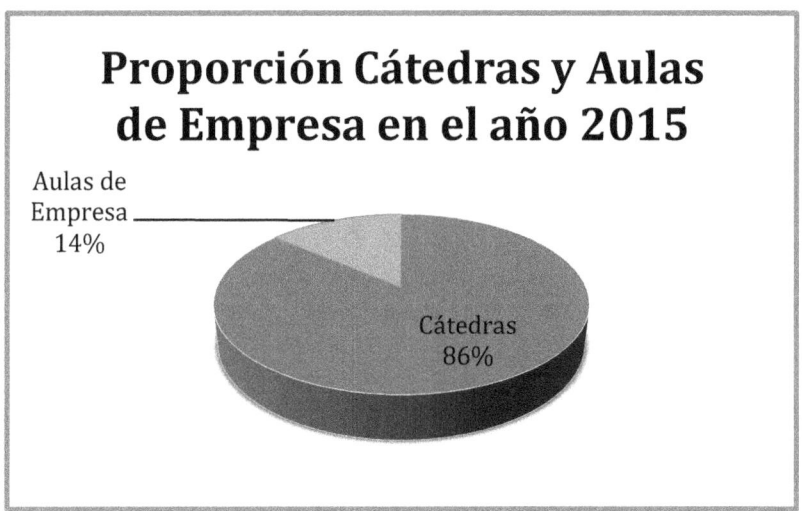

Ilustración 9 Proporción Cátedras y Aulas 2015-UPV

La proporción entre Aulas de Empresa y Cátedras en la Universitat Politècnica de València, desde la creación de las primeras Aulas en el año 2012 siempre ha estado en niveles similares, alcanzando su mínimo en cuanto a Aulas sobre el total en el año 2012, con un 6% y su máximo en el año 2015 con un 14%.

2. Entrevista al Director del Aula de Infancia y Adolescencia

El día dos de diciembre del año 2013 se emitió en UPV Radiotelevisió la noticia de la puesta en marcha del Aula y Adolescencia que constaba de entrevistas, entre otros, al profesor Vicente Cabedo Mallol, Director del Aula de Infancia y Adolescencia.

A continuación, se reflejan las declaraciones del mismo, las cuales ayudan a entender el espíritu singular que posee dicha Aula y las metas y fines que perseguía en el momento de su creación. Dicho contenido es muy interesante en la actualidad, ya que podemos ver si se han cumplido o no las expectativas iniciales del Aula.

"Creo que no va a ser un Aula o una Cátedra típica porque quiero que sea mucho más que un Aula o una Cátedra. Pero efectivamente va a tener una labor de actividad docente, transferencia de tecnología e incluso, aunque no esté tan pensado para las Aulas, tendrá parte de investigación. O por lo menos en años sucesivos.

Tal vez el primer año se dedique más a lo que sería actividades formativas y de transferencia de tecnologías pero en años sucesivos que también hubiera investigación, toda la materia girará entorno efectivamente a la Infancia y la Adolescencia"

Cabe añadir a esas declaraciones en primer lugar que el Congreso de Redes Sociales e Infancia organizado por el Aula se llevó a cabo los días 18 y 19 de septiembre de 2014 y fue un éxito tanto en asistencia como en contenido, contando con la presencia de personalidades de la talla del Catedrático de Derecho Constitucional D. Luis Jimena Quesada, el inspector del Grupo de Delitos Tecnológicos del CNP D. Juan Carlos Casas Chaces, el Catedrático de Derecho Administrativo D. José Luis Piñar Mañas y Dña. Gema García Hernández, Fiscal Delegada del Área de Menores de la Comunidad Valenciana, entre muchos otros.

Por otra parte, las previsiones en cuanto a las actividades de investigación resultaron acertadas, ya que en el año 2014 y a petición del Ayuntamiento de Valencia y la Diputación de Valencia, se inició un estudio sobre la pobreza infantil. Además el Aula también organizó el I Premio de Investigación sobre Infancia y Adolescencia, cuya obra ganadora fue "Aproximación histórica a la construcción socio jurídica de la categoría infancia", del Profesor Dr. Isaac Ravetllat Ballesté.

En la actualidad, se está realizando el II Premio de Investigación sobre la Infancia y la Adolescencia.

3. Marco normativo

A. Antecedentes

En este apartado se desarrolla la normativa aplicable en la Universitat Politècnica de València respecto a la creación y mantenimiento de las Cátedras y Aulas de Empresa. Para ello y en primer lugar, se repasarán las distintas normas que fueron aplicadas y los cambios que supusieron.

En el año 1999 se crean las primeras Cátedras en la Universidad. Sin embargo, esa tarea se lleva a cabo sin una normativa clara y concisa.

Posteriormente, en el año 2005 se activa el Programa de Cátedras de la Universitat Politècnica de València y en el 23 de octubre de 2007 es cuando se aprueba el primer reglamento específico para las Cátedras de empresa.

El primer reglamento era poco desarrollado, contando con lo mínimo para definir cómo serían organizadas las entidades, cómo se estructurarían y su método de financiación. El primer apartado se denominaba "Definición y objetivos", en el que proponía que las Cátedras fueran una forma de establecer una amplia y cualificada colaboración de empresas, fundaciones y otras entidades con vinculación empresarial con la Universidad, con el fin de lograr objetivos de docencia, transferencia de tecnología, conocimiento e investigación.

El segundo apartado trataba sobre la iniciativa de creación y su ámbito, otorgando esa iniciativa a los centros docentes, y en colaboración con dichos centros a los Departamentos, Institutos Universitarios y los Institutos o Centros propios de Investigación. Esas propuestas de creación serían entregadas a la Dirección Delegada de Políticas de Empleo, quien, en su caso, elevaría esa propuesta al Rector para su aprobación.

El tercero consistía en la dirección y estructura, proponiendo la siguiente: Director de Cátedra (profesor de la UPV, consensuado con la empresa y nombrado por el Rector) y el Director junto con la empresa propondría a la Comisión de Seguimiento.

El siguiente punto explicaba la estructura de la Comisión de seguimiento, siendo una comisión paritaria compuesta por: Director Delegado de Políticas de Empleo de la UPV o persona en quien delegue, Director del Centro o persona en quien delegue, Director de la Cátedra (que actuaría con Voz pero sin voto) y por último, dos representantes de la empresa. Esa estructura podía ser ampliada mediante acuerdo entre las partes. La comisión se reuniría como mínimo dos veces al año, por solicitud del Director con mínimo quince días de antelación. Las principales funciones que tenía la comisión eran: Aprobar el programa anual de la Cátedra y la asignación presupuestaria, seguimiento y evaluación de las actividades de la Cátedra, aprobar y liquidar el presupuesto anterior y el destino de los remanentes y aprobar la memoria anual de actividades de la Cátedra. La comisión de seguimiento podría nombrar además Comisiones técnicas que serían presididas por el Director.

El quinto punto concretaba las actividades que serían desarrolladas. Si bien daba margen para la Cátedra elegir otras en su Convenio de creación, proponía tres grandes grupos: Las actividades de formación, las de divulgación y transferencia de conocimiento y las de investigación.

En cuanto a la financiación, exigía un mínimo de 30.000€ anuales para las actividades. En el Convenio se establecían los plazos en los que la empresa aportaría los fondos a la Cátedra. No existía en ese momento la figura de las Aulas de Empresa.

El séptimo punto establecía que la duración de la Cátedra sería de uno a tres años prorrogables y la prórroga sería de forma expresa o tácita. Los convenios de duración inferior a tres años tendrían la renovación de forma tácita hasta completar los tres años. Cualquiera de las partes podía denunciar el convenio con dos meses de antelación a la fecha en que vaya a darlo por terminado. Los convenios de tres años se prorrogarían de forma expresa, la comisión de seguimiento presentaría propuesta de prórroga a la Dirección de Políticas de Empleo, quien la elevaría al Rector

A continuación describía como la Universitat Politècnica de València difundiría la participación y colaboración de la empresa en las actividades que lleve a cabo la Cátedra, además se editaría una Memoria Anual reflejando las actividades realizadas.

El noveno y último punto que tenía, desarrollaba la formalización de convenios, proponiendo como medio la firma de un Convenio de colaboración entre la Universidad y una o varias empresas o entidades con vinculación empresarial. Además, aconsejaba acogerse al régimen fiscal del mecenazgo, recogido en la Ley 49/2002 de régimen fiscal de entidades sin fines lucrativos y de los incentivos fiscales al mecenazgo.

A partir de la aprobación del reglamento del año 2007, el número de Cátedras de Empresa aumentó año tras año, hasta el 2010 cuando se frenó. En ese año se había aprobado otro reglamento para la creación y funcionamiento de ese tipo de organizaciones.

El Reglamento para la creación y funcionamiento de Cátedras de Empresa de la Universitat Politècnica de València del año 2010 tiene una estructura similar al que está vigente actualmente. Siendo más detallado y extenso que su predecesor, cuenta con cinco títulos y dieciocho artículos.

A continuación se mostrarán las principales diferencias con el reglamento anterior, mediante un resumen de la norma.

- Título I: Definición, objetivos y creación de la Cátedra de empresa
    - Capítulo I: Definición, objetivos y actividades
        - Artículo 1. Definición y objetivos: Al igual que el anterior reglamento define el fin de las Cátedras, proponiendo que sea éste la colaboración con las empresas para lograr objetivos de docencia, investigación, transferencia de tecnología y conocimiento.

- Artículo 2. Actividades: A las actividades de formación, divulgación y transferencia de conocimiento e investigación, añade una cuarta que es la de creación cultural y artística.
  - Capítulo II: Creación y financiación de la Cátedra
    - Artículo 3. Iniciativa de creación y adscripción de la Cátedra: La iniciativa se mantiene igual, a diferencia de pequeños matices, como que la Cátedra estará adscrita a una de las Entidades de la Universitat Politècnica de València promotoras de la misma y las Cátedras utilizarán las instalaciones de la Universidad.
    - Artículo 4. Modo de creación: También se realizará mediante la firma de un convenio.
    - Artículo 5. Contenido mínimo del Convenio: Un apartado totalmente nuevo, que además de obligar a inscribir en el Registro Oficial de Convenios de la Universitat Politècnica de València los convenios, describía que como mínimo el convenio debe contener: Denominación de la Cátedra, las actividades que se van a desarrollar, la duración, forma de renovación y denuncia, la dotación económica, la composición de la Comisión Mista de seguimiento y el compromiso de las partes de divulgar las actividades de la Cátedra.

- Artículo 6. Dotación económica de la Cátedra: Se mantiene el mínimo de treinta mil euros, sin embargo se añade la posibilidad de optar a subvenciones, la de recibir aportaciones no dinerarias y la posibilidad de destinar hasta el diez por ciento de la dotación económica de la Cátedra a la Entidad universitaria a la que está adscrita la Cátedra, en concepto de gastos por utilización de infraestructuras.

- Título II: Órganos de dirección de la Cátedra. Composición en funciones

    - Artículo 7. Órganos de dirección de la Cátedra. Composición y funciones: El Director de la Cátedra se mantiene sin cambios, y la Comisión de seguimiento pasa a ser la Comisión Mixta de seguimiento, aunque se mantiene como el órgano máximo de dirección de la Cátedra.

    o Capítulo I: Comisión Mixta de la Cátedra

        - Artículo 8. Funciones de la Comisión Mixta: Las funciones se mantienen muy similares a las de la Comisión de seguimiento, siendo las siguientes: Aprobar los programas de actuación de la Cátedra, seguimiento y evaluación de las actividades desarrolladas, aprobación de la liquidación del presupuesto y destino de los remanentes, aprobación de las ampliaciones de la dotación económica, aprobación de la Memoria anual y adoptar los acuerdos necesarios para cumplir los fines y objetivos de la Cátedra.

- Artículo 9. Composición de la Comisión Mixta: Se mantiene igual al reglamento anterior, sin variar la composición de la Comisión de seguimiento
- Artículo 10. Funcionamiento de la Comisión: Se mantiene el mínimo de dos reuniones anuales a convocatoria del Director, se añade que en la primera reunión la Dirección presentará la propuesta de actividades a realizar, se añade además que en la reunión final se presentará un informe final junto con la liquidación presupuestaria. Se conserva la posibilidad de creación de Comisiones técnicas.

o Capítulo II: Dirección de la Cátedra.

- Artículo 11. Nombramiento del Director/a: Ejercido por un profesor o investigador a tiempo completo de la Universitat Politècnica de València, propuesto por la empresa vinculada a la UPV y la Dirección Delegada de Empleo es quien presentará la propuesta al Rectorado, que nombrará al Director.

- Artículo 12. Funciones de la Dirección de la Cátedra: Corresponde a la Dirección: Proponer a la Comisión el programa de actividades a desarrollar, la responsabilidad de la ejecución de los acuerdos adoptados, la responsabilidad por la gestión económica y por último será responsable de convocar las reuniones, establecer el orden del día, preparar la documentación y levantar acta de la reunión
- Artículo 13. Reconocimiento por gestión: El Director de la Cátedra pasa a tener el mismo reconocimiento de actividad equivalente a la docencia que una Subdirección de Centro, pero quedarán excluidos los derechos económicos y también los de reducción de docencia. Por otra parte el Director podrá destinarse hasta el diez por ciento de la dotación económica de la Cátedra en concepto de reconocimiento y de gastos de representación.

- Título III: Duración y renovación
    - Capítulo I: Duración y renovación
        - Artículo 14. Duración: No se cambia el mínimo de un año ni el máximo de tres.
        - Artículo 15. Renovación: Para los Convenios de menos de tres años, la renovación se podrá realizar de forma expresa o tácita, dependiendo

del Convenio de Creación. Para los Convenios de tres años la renovación se hará de forma expresa. La renovación de la Cátedra pasa a realizarse mediante la firma de una Adenda al Convenio (o de un nuevo Convenio si se cambia el contenido), la Comisión debe presentar la propuesta de renovación a la Dirección Delegada de Empleo, quien elevará dicha propuesta al Rectorado.

- Artículo 16. Finalización: En el Convenio se estipulará los supuestos de finalización y los plazos de denuncia del mismo. Se establece un plazo de tres meses de antelación de denuncia para dar por finalizado el Convenio. La Cátedra de empresa también se extinguirá mediante la inactividad de la misma y por la no renovación por un año desde la finalización del Convenio anterior.

- Título IV: Difusión de las actividades

  - Artículo 17. Difusión de las actividades: Además de la difusión por parte de la Universidad y la Memoria anual, se añade como novedad la disposición de una Microweb con acceso desde la página de la UPV, para ayudar a la difusión de sus actividades y presentar su composición, órganos directivos e informes.

- Título V: Titularidad de los Derechos
  - Artículo 18. Derechos de propiedad industrial: Se remite a la legislación vigente y a la normativa de la Universitat Politècnica de València.[14]

Una vez estudiada las diferencias entre el reglamento del año 2007 y el del año 2010, es más factible considerar que esa disminución en cuanto al número de Cátedras se debe más bien al factor crisis que a una dificultad añadida respecto a la creación y funcionamiento añadida en el posterior reglamento.

---

[14] Resumen en base al Reglamento para la creación y funcionamiento de Cátedras de empresa aprobado por el Consejo de Gobierno de 16 de diciembre de 2010.

B. Actualidad

Para un análisis de la normativa vigente en la Universitat Politècnica de València, se entrará en profundidad en la legislación aplicable. Además de aportar una visión detallista sobre el reglamento actual y sus diferencias con su predecesor del año 2010.

La primera fuente a la que se puede acudir en la búsqueda de la justificación de la existencia de las Cátedras y Aulas de empresa es la propia Constitución, que recoge, aunque de forma general, la necesidad de promover la investigación:

- Artículo 44
    1. Los poderes públicos promoverán y tutelarán el acceso a la cultura, a la que todos tienen derecho.
    2. Los poderes públicos promoverán la ciencia y la investigación científica y técnica en beneficio del interés general.[15]

Si bien es cierto que de manera universal la Constitución promueve la investigación científica y técnica, no trata específicamente de las Cátedras. En cambio, La Ley 2/2011 de Economía Sostenible propone en concreto ese tipo de

---

[15] España. Constitución Española, de 27 de diciembre de 1978, Título I De los Derechos y Deberes Fundamentales, capítulo III De los principios rectores de la Política Social y Económica.
BOE, 29 de diciembre de 1978, núm. 311

organizaciones para la investigación y la transferencia del conocimiento:

- Artículo 64 Investigación y transferencia del conocimiento

    1. Las universidades potenciarán sus funciones de investigación básica y aplicada y de transferencia del conocimiento a la sociedad para la mejora del bienestar y la competitividad, mediante el desarrollo de proyectos e iniciativas en colaboración con el sector productivo.

    2. La colaboración entre las universidades y el sector productivo podrá articularse mediante cualquier instrumento admitido por el ordenamiento jurídico y, en particular, podrá adoptar las siguientes modalidades:

    a. La constitución de empresas innovadoras de base tecnológica.

    b. La generación de polos de innovación, mediante la concurrencia en un mismo espacio físico de centros universitarios y de empresas.

    c. La puesta en marcha y la potenciación de programas de valorización y transferencia de conocimiento.

    d. La formación de consorcios de investigación y transferencia del conocimiento.

    e. La creación de cátedras-empresa basadas en la colaboración en proyectos de investigación que permitan a los estudiantes universitarios participar y conciliar su actividad investigadora con la mejora de su formación.

3. Las universidades podrán promover la creación de empresas innovadoras de base tecnológica, abiertas a la participación en su capital societario de uno o varios de sus investigadores, al objeto de realizar la explotación económica de resultados de investigación y desarrollo obtenidos por éstos. Dichas empresas deberán reunir las características previstas en el artículo 56 de esta Ley.[16]

El modelo que se propone en la Ley Orgánica de Economía Sostenible es uno que promueve la investigación y además cuenta con los estudiantes para mejorar, a su vez, su formación.

A continuación y en referencia a las posibilidades de contratación de las Cátedras, se aplica la Ley Orgánica 6/2001, de 21 de diciembre, de Universidades:

- Artículo 83 Colaboración con otras entidades o personas físicas

    1. Los grupos de investigación reconocidos por la Universidad, los Departamentos y los Institutos

---

[16] España. Ley Orgánica 2/2011, de 4 de marzo, de Economía Sostenible. Título II Competitividad, Sección 3 Formación, investigación y transferencia de resultados en el sistema universitario

BOE, 5 de marzo de 2011, núm. 55, p. 25033-25235

Universitarios de Investigación, y su profesorado a través de los mismos o de los órganos, centros, fundaciones o estructuras organizativas similares de la Universidad dedicados a la canalización de las iniciativas investigadoras del profesorado y a la transferencia de los resultados de la investigación, podrán celebrar contratos con personas, Universidades o entidades públicas y privadas para la realización de trabajos de carácter científico, técnico o artístico, así como para el desarrollo de enseñanzas de especialización o actividades específicas de formación.

2. Los Estatutos, en el marco de las normas básicas que dicte el Gobierno, establecerán los procedimientos de autorización de los trabajos y de celebración de los contratos previstos en el apartado anterior, así como los criterios para fijar el destino de los bienes y recursos que con ellos se obtengan.

3. Siempre que una empresa de base tecnológica sea creada o desarrollada a partir de patentes o de resultados generados por proyectos de investigación financiados total o parcialmente con fondos públicos y realizados en universidades, el profesorado funcionario de los cuerpos docentes universitarios y el contratado con vinculación permanente a la universidad que fundamente su participación en los mencionados proyectos podrán

solicitar la autorización para incorporarse a dicha empresa, mediante una excedencia temporal.

El Gobierno, previo informe de la Conferencia General de Política Universitaria, regulará las condiciones y el procedimiento para la concesión de dicha excedencia que, en todo caso, sólo podrá concederse por un límite máximo de cinco años. Durante este período, los excedentes tendrán derecho a la reserva del puesto de trabajo y a su cómputo a efectos de antigüedad. Si con anterioridad a la finalización del período por el que se hubiera concedido la excedencia el profesor no solicitara el reingreso al servicio activo, será declarado de oficio en situación de excedencia voluntaria por interés particular.[17]

El artículo 83 en su primer punto otorga la posibilidad a las Cátedras y Aulas de empresa de llevar a cabo contrataciones para ejercer su actividad. Por otra parte, también contempla la posibilidad de que los profesores soliciten una excedencia temporal para incorporarse a la investigación, con un limite de cinco años, tras los cuales será declarado de oficio de excedencia voluntaria.

---

[17] España. Ley Orgánica 6/2001, de 21 de diciembre, de Universidades. Título XI. Del régimen económico y financiero de las Universidades Públicas.
BOE, 24 de diciembre de 2001, núm. 307, p. 49400-49425

La última Ley relevante que es de aplicación es la Ley 49/2002, de 23 de diciembre, de régimen fiscal de las entidades sin fines lucrativos y de los incentivos fiscales al mecenazgo, ya que en el se propone tanto los incentivos fiscales que se pueden acoger las Cátedras como el tipo de Convenio.

- Artículo 16 Entidades beneficiarias del mecenazgo.

    Los incentivos fiscales previstos en este Título serán aplicables a los donativos, donaciones y aportaciones que, cumpliendo los requisitos establecidos en este Título, se hagan en favor de las siguientes entidades:

    a) Las entidades sin fines lucrativos a las que sea de aplicación el régimen fiscal establecido en el Título II de esta Ley.

    b) El Estado, las Comunidades Autónomas y las Entidades Locales, así como los Organismos autónomos del Estado y las entidades autónomas de carácter análogo de las Comunidades Autónomas y de las Entidades Locales.

    c) Las universidades públicas y los colegios mayores adscritos a las mismas.

    d) El Instituto Cervantes, el Institut Ramon Llull y las demás instituciones con fines análogos de las Comunidades Autónomas con lengua oficial propia.

e) Los Organismos Públicos de Investigación dependientes de la Administración General del Estado.[18]

Los incentivos fiscales nombrados están en el Título III de la Ley y constarán en los anexos, pero no se entrará a un análisis más detallista sobre ello al no pertenecer a la materia principal de este trabajo.

- Artículo 25 Convenios de colaboración empresarial en actividades de interés general

    1. Se entenderá por convenio de colaboración empresarial en actividades de interés general, a los efectos previstos en esta Ley, aquel por el cual las entidades a que se refiere el artículo 16, a cambio de una ayuda económica para la realización de las actividades que efectúen en cumplimiento del objeto o finalidad específica de la entidad, se comprometen por escrito a difundir, por cualquier medio, la participación del colaborador en dichas actividades.

    La difusión de la participación del colaborador en el marco de los convenios de colaboración definidos en este artículo no constituye una prestación de servicios.

---

[18] España. Ley Orgánica 49/2002, de 23 de diciembre, de régimen fiscal de las entidades sin fines lucrativos y de los incentivos fiscales al mecenazgo. Título III Incentivos fiscales al mecenazgo, Capítulo I Entidades beneficiarias.

BOE, 25 de diciembre de 2002, núm. 307, p. 45229-45243

2. Las cantidades satisfechas o los gastos realizados tendrán la consideración de gastos deducibles para determinar la base imponible del Impuesto sobre Sociedades de la entidad colaboradora o del Impuesto sobre la Renta de no Residentes de los contribuyentes que operen en territorio español mediante establecimiento permanente o el rendimiento neto de la actividad económica de los contribuyentes acogidos al régimen de estimación directa del Impuesto sobre la Renta de las Personas Físicas.

3. El régimen fiscal aplicable a las cantidades satisfechas en cumplimiento de estos convenios de colaboración será incompatible con los demás incentivos fiscales previstos en esta Ley.[19]

El artículo 25 es el que propone el Convenio como figura de colaboración empresarial, además los gastos realizados serán considerados gastos deducibles para el Impuesto de sociedades.

En último lugar, lo más relevante en cuanto a la legislación y normativa aplicable a Cátedras y Aulas de Empresa es el último Reglamento para la creación y funcionamiento de Cátedras y Aulas de Empresa de la Universitat Politècnica de València, vigente desde

---

[19] España. Ley Orgánica 49/2002, de 23 de diciembre, de régimen fiscal de las entidades sin fines lucrativos y de los incentivos fiscales al mecenazgo. Título III Incentivos fiscales al mecenazgo, Capítulo III Régimen fiscal de otras formas de mecenazgo
    BOE, 25 de diciembre de 2002, núm. 307, p. 45229-45243

el año 2012 que introdujo numerosos cambios, además de desarrollar con más detenimiento sus apartados. A continuación se expondrá un resumen del Reglamento, con especial importancia en los cambios y variaciones realizadas.

- Preámbulo: Se mantiene similar a los anteriores con una diferencia más que notable; apunta la aparición de las Aulas de Empresa como otra modalidad para llevar a cabo la colaboración e investigación, se conserva, sin embargo, la figura de la Cátedra.
- Título I: Definición, objetivos y creación de la Cátedra de empresa.
    - Capítulo 1: Definición, objetivos y actividades.
        - Artículo 1. Definición y objetivos: A diferencia del Reglamento anterior, éste distingue entre objetivos de las Cátedras y de las Aulas de empresa:
        Las Cátedras perseguirán objetivos de docencia, investigación, transferencia de tecnología y conocimiento.
        Las Aulas de empresa realizarán actividades formativas y de difusión de conocimiento. Además se distinguen por la aportación económica necesaria y por su duración inicial.
        - Artículo 2. Actividades: Se distinguen entre las que serán realizadas entre las Cátedras y las Aulas mediante grupos:

Actividades de formación (Cátedras y Aulas):
- Colaboración en actividades docentes.
- Colaboración en programas de formación permanente.
- Becas predoctorales y posdoctorales.
- Premios a proyectos, trabajos y concursos de ideas.
- Conferencias, seminarios y talleres.
- Promoción de prácticas en empresas e instituciones.
- Colaboración en planes de formación.
- Visitas a empresas.

Actividades de divulgación y transferencia de conocimiento (Cátedras y Aulas):
- Jornadas de divulgación técnica, tecnológica y artística.
- Publicaciones sobre temas de interés.
- Promoción en acontecimientos científicos, técnicos y artísticos.
- Organización de exposiciones y promoción de actividades culturales.

- Divulgación de sus actividades.
- Actividades de investigación y desarrollo(Solamente en Cátedras):
  - Desarrollo de líneas de investigación conjunta.
  - Cooperación para lograr proyectos de investigación.
  - Apoyo en tesis doctorales.
  - Realización de trabajos de investigación.
  - Promoción de encuentros de expertos en el área de interés de la Cátedra.
  - Estudios de sostenibilidad y medio ambiente de interés para la Cátedra.
- Además, las Cátedras y Aulas de empresa llevarán a cabo las actividades que consten en el Convenio y las acordadas en la Comisión de Seguimiento.

o Capítulo 2 Creación y financiación de la Cátedra y del Aula de empresa:
- Artículo 3. Iniciativa de creación y adscripción de la Cátedra y del Aula de empresa:

    La iniciativa de creación corresponde a:
    o Las empresas

- Los Centros Docentes, Departamentos, Institutos Universitarios, Institutos y Centros de investigación propios y Vicerrectorados.

La entidad que lleve la iniciativa ha de presentar la propuesta de creación al Vicerrectorado que tenga la competencia en materia de empleo, que tras comprobar que se cumplen los requisitos elevará dicha propuesta a Rectorado, para su aprobación

En la creación tanto de una Cátedra como de un Aula pueden participar más de una empresa y más de una entidad universitaria pero deberá estar adscrita a una de las entidades promotoras. El ámbito de participación y la colaboración de personal no se limita a su adscripción.

Al igual que en la normativa anterior las Cátedras y Aulas tendrán acceso a las instalaciones universitarias, y además la Entidad universitaria adscrita a la Cátedra le habilitará un espacio como sede.

- Artículo 4. Modo de creación: Se crean mediante la firma de un Convenio de Colaboración.
- Artículo 5. Contenido mínimo del Convenio:

Debe contener como mínimo: Denominación del Aula/Cátedra, actividades que se van a desarrollar, duración, forma de renovación y de extinción, dotación económica, estructura organizativa, compromiso de divulgar las actividades y un punto nuevo: el compromiso a utilizar la marca Universitat Politècnica de València.

Al igual que en el Reglamento anterior los convenios se inscribirán en el Registro Oficial de Convenios de la Universidad, adscrito a la Secretaría General.

- Artículo 6. Dotación económica de la Cátedra: El método de financiarse se mantiene similar; mediante subvenciones, aportaciones de las Empresas y otros ingresos en el marco de las actividades. Vuelve la posibilidad de destinar hasta el 5 por ciento de la dotación a la Entidad universitaria a la que esté adscrita. En el Convenio se establece la forma en que la empresa realizará su aportación económica. Además de las aportaciones dinerarias y de acuerdo con la normativa de la Universidad y de la Ley 49/2002 de régimen fiscal de entidades sin fines lucrativos y de los incentivos fiscales al mecenazgo, se podrán realizar aportaciones no dinerarias.

Se distingue entre las aportaciones mínimas anuales:
- Cátedra de empresa: Treinta mil euros.
- Aula de empresa: Quince mil euros.

- Título II Órganos de dirección de la Cátedra o Aula. Composición y funciones
  - Artículo 7. Órganos de dirección de la Cátedra o Aula
    - Comisión de seguimiento: Órgano máximo de dirección, colegiado paritario, compuesto por representantes de la Universidad y por representantes de la empresa promotora; se mantiene igual, si bien deja de denominarse "Mixto".
    - El Director mantiene la dirección de las actividades y la gestión económica de la Cátedra o Aula.
  - Capítulo 1 Comisión seguimiento de la Cátedra o Aula
    - Artículo 8. Funciones de la Comisión de seguimiento de la Cátedra o Aula: Aprobar los programas de actuación con detalle de las actividades y correspondiente asignación presupuestaria, seguimiento y evaluación de las actividades desarrolladas, aprobación de liquidación del presupuesto y

el destino del remanente, aprobación de ampliaciones de la dotación económica, aprobación de la memoria anual de actividades, adoptar acuerdos para el cumplimiento de los fines y objetivos de la Cátedra o Aula y proponer la transformación de Cátedra en Aula y de Aula en Cátedra (Una competencia del nuevo Reglamento).

- Artículo 9. Composición de la Comisión de seguimiento de la Cátedra o Aula: Si bien puede ser más amplia en el caso de acuerdo de las partes, cuando hayan más de una entidad colaboradora, o más pequeña en el caso de las aulas, se propone la siguiente composición:

  El Vicerrector que tenga asignadas las competencias en materia de empleo (o persona en quien delegue).

  El Director de la Entidad universitaria a la que se esté adscrito (o persona en quien delegue).

  El Director de la Cátedra o Aula.

  Tres representantes de la Empresa

- Artículo 10. Funcionamiento de la Comisión de seguimiento: Hay una gran variedad de cambios.

  La Comisión se reunirá como mínimo una vez al año. Se convocará como mínimo con quince días de antelación y lo hará el Director, el acta aprobada se remitirá al Vicerrectorado que tenga asignadas las competencias en materia de empleo.

En la primera reunión el Director presentará junto con una previsión presupuestaria la propuesta de actividades a realizar.

En la reunión final de cada anualidad se presentará el informe final de actividades junto a la liquidación presupuestaria.

La Comisión podrá acordar dotar a la Cátedra o Aula de personal técnico y administrativo, de acuerdo a la capacidad económica de la misma y de las normas de contratación de la Universidad.

La Comisión tiene la potestad de recabar el asesoramiento que considere oportuno, y a propuesta del Director podrá nombrar un codirector académico.

- Capítulo 2 Dirección de la Cátedra o Aula:
    - Artículo 11. Nombramiento del Director/a: Será un profesor de la Universitat Politècnica de València, propuesto por la Empresa y que tenga dedicación a tiempo completo en la Universidad. El Vicerrectorado que tenga asignadas las competencias en materia de empleo será

quien presente la propuesta al Rectorado, que será quien nombre al Director.
- Artículo 12. Funciones de la Dirección de la Cátedra o Aula:

  Proponer a la Comisión de seguimiento, de acuerdo con la empresa, el programa de actividades a desarrollar.

  Responsabilidad frente a la ejecución de los acuerdos adoptados por la Comisión de seguimiento.

  Convocar las reuniones de la Comisión de seguimiento, establecer el orden del día, preparar la documentación y levantar acta de la reunión.

  La gestión administrativa de la Cátedra o Aula será llevada a cabo por el Director que contará a su vez con el apoyo de la Entidad universitaria a la que esté adscrito la Cátedra/Aula.
- Artículo 13. Reconocimiento por gestión: La Dirección podrá destinarse hasta el 5 por ciento de la dotación económica en concepto de gastos de dirección y representación.
- Título III Duración, renovación y extinción.
  - Capítulo 1 Duración y renovación:
    - Artículo 14. Duración:

- Cátedras: El Convenio lo establecerá, con el mínimo de un año y máximo de cinco años, renovable. La Comisión de seguimiento podrá acordar la extinción de la Cátedra antes de los plazos pero respetando los compromisos económicos adquiridos.
- Aulas: Mínimo un año o curso académico y la máxima de tres años, renovables.
- Artículo 15. Renovación: Se hará mediante la firma de un Convenio o Adenda al Convenio. La Comisión es la encargada de presentar la propuesta al Vicerrectorado que tenga las competencias de empleo para que la eleve al Rectorado.
- Artículo 16. Extinción del Convenio de Cátedra o Aula:
  - Los plazos de finalización y de denuncia constarán en el Convenio.
  - Las partes podrán denunciar el convenio con tres meses de antelación a la fecha que vayan a darlo por finalizado, manteniéndose tanto la actividades como los compromisos económicos.

- La Cátedra de empresa se extinguirá por inactividad y por la no renovación del convenio en el plazo de seis meses de la finalización del anterior.
- Título IV Difusión de las actividades
  - Artículo 17 Difusión de las actividades:
    - La Universidad difundirá por cualquier medio su colaboración con la Empresa en todas las actividades que realice la Cátedra o Aula.
    - Se editará una memoria anual.
    - Las Cátedras/Aulas dispondrán de un Microweb con acceso desde la página de la Universidad.
    - Cuando la empresa considere necesario usar el logotipo de la Universitat Politècnica de València deberá solicitar autorización previa a través del Área de Comunicación de la Universidad.
- Título V Titularidad de derechos
  - Artículo 18. Derechos de propiedad intelectual: La titularidad corresponde a quien genera la propiedad. Si no se puede determinar la aportación de cada parte el

derecho de propiedad intelectual se repartirá equitativamente. Para hacerlo, las partes suscribirán un contrato en el que se determine las condiciones de explotación.[20]

Como se puede observar, el reglamento introduce numerosos cambios, siendo sin lugar a dudas el más importante la introducción de la figura de Aula de empresa, que posibilita la realización de casi la totalidad de las actividades que promueve una Cátedra con una dotación económica que es la mitad. Ayudando de esa manera a la creación de entidades de esas características en la Universitat Politècnica de València, colaborando a la generación y difusión del conocimiento.

---

[20] Resumen a partir del Reglamento para la creación y funcionamiento de Cátedras y Aulas de empresa de la Universitat Politècnica de València. Aprobado por el Consejo de Gobierno de 26 de junio de 2012.

4. Estudio comparado: Universitat Politècnica de València y Universidad Politécnica de Madrid

Para saber si la normativa vigente en la Universitat Politècnica de València es adecuada para el marco de las Cátedras y Aulas de empresa, se ha comparado dicha normativa con la de otra Universidad. No podía ser cualquiera, ya que las diferencias contextuales y de eficacia de la reglamentación podría constituir variables que invalidaran este estudio comparativo. Para solventar los problemas anteriormente mencionados, se ha elegido entre todas las Universidades españolas a una que se estructurara de forma similar a la UPV y que además siguiera un programa de Cátedras que fuera exitoso. Tras dicha investigación, la entidad que mejor cumplía los requisitos es la Universidad Politécnica de Madrid, ya que además de la estructura similar posee un programa que, en 2015, posee 75 Cátedras y 16 Aulas de empresa. Por otra parte, su normativa data del año 2008 sin grandes cambios, por lo que su eficacia está mas que demostrada.

La forma más efectiva para representar las diferencias cuantitativas del número de Cátedras y Aulas de empresa entre la UPV y la UPM es mediante un gráfico:

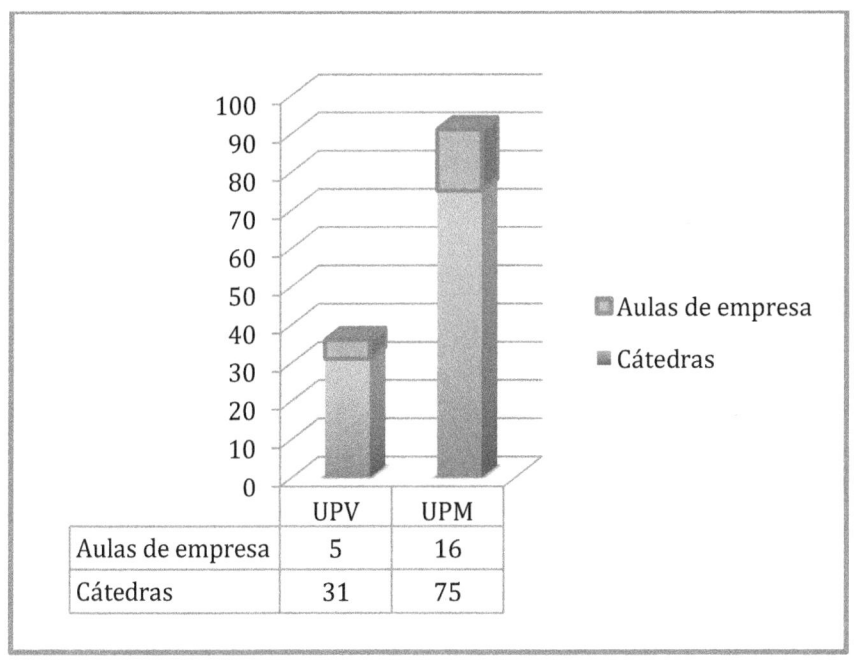

[21] Ilustración 10 Comparativa en número de entidades UPV-UPM

Una vez explicada la diferencia cuantitativa entre las dos Universidades comparadas, se puede equiparar la proporción entre Cátedras y Aulas de empresa. Si bien es cierto que el primer gráfico no aporta mucho más que contexto y una visión global, en el mostrado a continuación se puede dejar ver si la normativa de cada Universidad es más beneficiosa para las Cátedras o para las Aulas de empresa.

---

[21] Número de Cátedras y Aulas de empresa en la Universidad Politécnica de Madrid y la Universitat Politècnica de València en el año 2015.

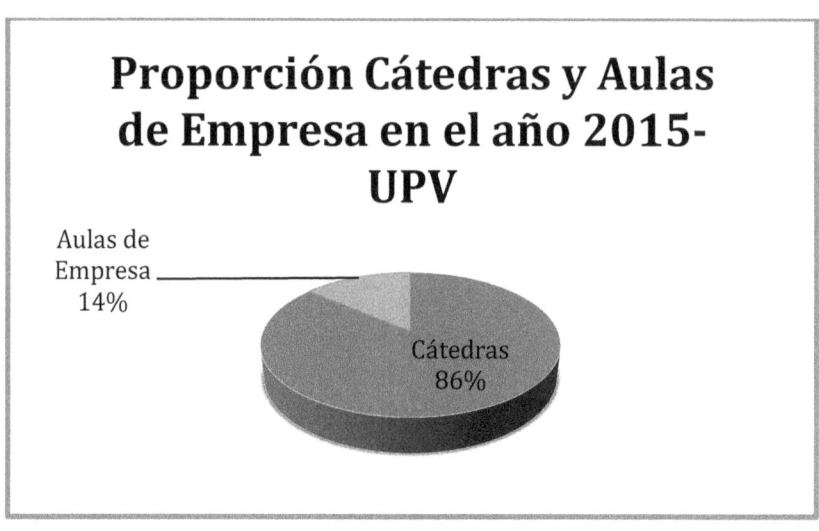

Ilustración 11 Proporción entre Cátedras y Aulas de empresa-UPV

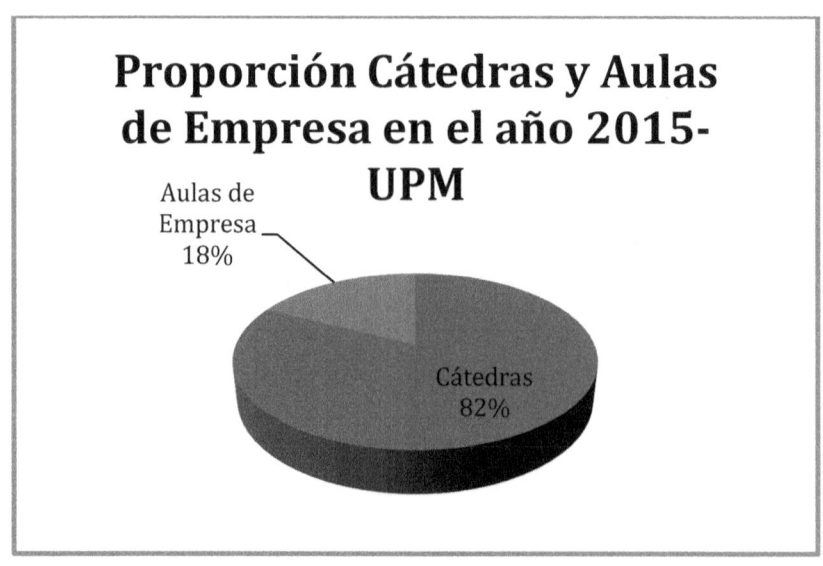

Ilustración 12 Proporción entre Cátedras y Aulas-UPM

En cuanto a la equiparación como tal de las normas vigentes [22] en cada una de las Universidades, son bastante similares, así que a lo largo de este estudio comparativo se aplicará mayor énfasis a las diferencias entre ambas.

La primera diferencia notable es la posibilidad que aporta la normativa de la UPM de crear "Cátedras institucionales" si su ámbito de actuación afecta al conjunto de la UPM y es propuesta por el Rectorado o Direcciones de las Escuelas y Facultades de la UPM. En ese caso no se regirían por la normativa común, sino que lo haría por su Convenio específico de creación.

Otra disparidad es que en la UPV la mayor parte de las gestiones y atribuciones relacionadas a las Cátedras y Aulas de empresa recaen en el Vicerrectorado que tenga adjudicadas las competencias en materia de empleo, mientras que en la UPM dichas tareas son propias del Vicerrectorado de Investigación y en algunos casos por el Vicerrectorado de Doctorado y Postgrado.

La formalización se lleva a cabo en ambas Universidades mediante la firma de un Convenio de colaboración.

Las actividades propuestas para las Cátedras y Aulas de empresa son muy similares en ambas normativas, obligando ambas a la realización de una Memoria anual sobre las actividades

---

[22] Normativa de creación de Cátedras y Aulas Universidad Empresa, Universidad Politécnica de Madrid, Vicerrectorado de Investigación, aprobada en Consejo de Gobierno de 24 de julio de 2008 y el Reglamento para la creación y funcionamiento de Cátedras y Aulas de empresa de la Universitat Politècnica de València, aprobada por el Consejo de Gobierno de 26 de junio de 2012.

realizadas. Como añadido, la UPM propone que las actividades sean realizadas fundamentalmente en sus dependencias.

En cuanto a la duración, la mínima para las Cátedras en la UPM es de tres años, mientras en la UPV es de uno, siendo el máximo en ambas de cinco. En el caso de las Aulas de empresa, el mínimo es de un año en la UPM mientras que en la Politécnica de Valencia es de un año o un curso académico.

En la Universidad Politécnica de Madrid la normativa respecto al reconocimiento y actividad mínima es mucho más permisiva, ya que la Cátedra o Aula solo dejará de ser reconocida si muestra inactividad en el informe de actividades anuales durante dos años consecutivos.

Otra diferencia está en la ubicación de las Cátedras y Aulas de empresa, ya que en la UPM las Aulas no tienen necesidad de la existencia de un espacio exclusivo, mientras que las Cátedras sí. La Universitat Politècnica de València no distingue entre una y otra.

En cuanto a las unidades directivas en ambas normativas se mantienen muy similares, siendo la Comisión de seguimiento y el Director las principales. Además, las atribuciones de cada una de ellas son semejantes.

En cuanto a la dotación económica en lo relativo a las Cátedras son idénticas; un mínimo de treinta mil euros anuales. Sin embargo, en las Aulas de empresa la UPM tiene un mínimo de diez mil euros, mientras que la UPV quince mil euros anuales. Esa diferencia notable puede ser la explicación de que la Universidad

Politécnica de Madrid tenga un mayor porcentaje de Aulas de empresa sobre el total (Aulas y Cátedras), que la Politécnica de Valencia, ya que esa disminución de cinco mil euros en los requisitos facilitaría la creación de nuevas Aulas.

El último cambio notable en el Reglamento de la Universidad Politécnica de Madrid es el que encomienda a su Oficina de Transferencia de Tecnología la gestión económica de las actividades de la Cátedra en cuanto a su registro, cobros, pagos y obligaciones fiscales derivadas de la realización de las mismas. En el reglamento de la UPV no hay ninguna referencia sobre quien llevará a cabo la gestión económica de las Cátedras y Aulas.

En definitiva, se puede apreciar que ambas normas tienen muchas similitudes, siendo menores los puntos en los que difieren de los que se asemejan, por lo que hay pocos puntos que serían beneficiosos a la normativa de la UPV. Quizás los únicos puntos que serían importantes para mejorar las condiciones de las Cátedras y Aulas de empresa, serían los siguientes:

- Introducir la figura de Cátedra Institucional, ya que es un concepto interesante y puede ser provechoso para la misma Universidad en sus investigaciones propias.
- Importar la disminución en el mínimo de la dotación económica para la creación de las Aulas de empresa, y así potenciar su crecimiento y número.

IV. RESULTADOS

IV. RESULTADOS

IV. RESULTADOS

En este capítulo se expondrán los resultados obtenidos a lo largo de este trabajo, que son muchos. También se exhibirán los aspectos que se han considerado que poseen un margen de mejora, mientras que las mejoras propuestas constarán en el capítulo de Conclusiones y propuestas de mejora.

El primer resultado sobre la situación actual es que la Universitat Politècnica de València consta en el año 2015 de 31 Cátedras y cinco Aulas de empresa, lo cual proporcionalmente implica que el 86% de las entidades son Cátedras y el 14% Aulas de empresa.

Tabla 15 Número de Cátedras y Aulas

	2015
Cátedras	31
Aulas de empresa	5

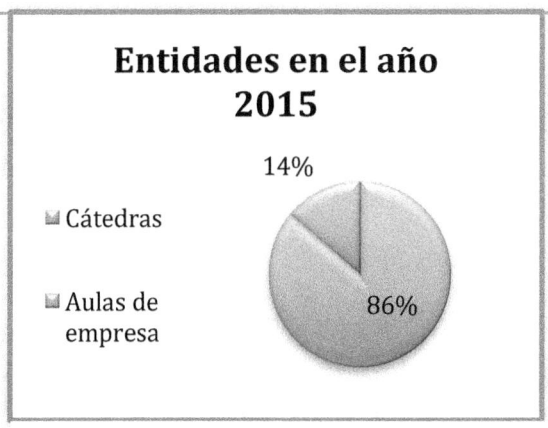

Ilustración 13 Entidades en el año 2015-UPV

El marco normativo aplicable hallado tras la investigación realizada es el siguiente: El artículo 44 de la Constitución Española de 1978, el artículo 64 de La Ley 2/2011 de Economía Sostenible, el artículo 83 de la Ley Orgánica 6/2001 de Universidades, el artículo 16 y 25 de la Ley 49/2002 de régimen fiscal de las entidades sin fines lucrativos y de los incentivos fiscales al mecenazgo y en último lugar el Reglamento para la creación y funcionamiento de Cátedras y Aulas de Empresa de la Universitat Politècnica de València del año 2012.

Un resultado arrojado de la investigación normativa fue la posibilidad de mejora en cuanto al marco de la dotación económica mínima para la creación de una Cátedra o Aula de empresa.

Se ha observado que la opción más utilizada en cuanto al personal con el que se cuenta en las Cátedras y Aulas de empresa es la de utilizar Becas de Colaboración (31%), sin embargo se usan muchos otros métodos de contratación como el personal fijo (19%), personal temporal (15%), colaboradores que quedan incluidos en el organigrama (16%) y voluntarios (19%).

Por otra parte, el tipo de organigrama que utilizan las entidades es en su gran mayoría, un 69%, de carácter flexible y variable para poder adoptarlo a sus necesidades en cada momento, mientras que solo un 31% poseen un organigrama totalmente fijo para todas las actividades.

Otro resultado interesante es el reflejado a partir de la encuesta en la que se puede ver cómo tres de las actuales cinco Aulas de empresa eran anteriormente Cátedras.

La financiación de las entidades se realiza en su mayoría mediante una sola empresa, que es la responsable de hacer la dotación económica única. Siguen este modelo el 88% de las entidades, mientras que un 12% recibe su dotación económica de distintas fuentes.

La forma más extendida de llevar la tarea contable es utilizando los medios de la Universidad, un 81% siguen ese modelo, mientras que un 11% utiliza personal contratado y el 8% restante realiza esa labor mediante la dirección.

El reparto de actividades es realizado por las Cátedras y Aulas de empresa de diversas formas siendo la más común la de adaptarse según cada una de las tareas (54%), el 38% utiliza un coordinador que es quien reparte las labores, los demás utilizan los órganos directivos de la entidad para hacer la división de tareas.

La generalidad de Cátedras y Aulas de empresa operan utilizando entre una y dos personas, siendo el Director una de ellas en casi todos los casos. Sin embargo hay tres Cátedras que cuentan con más de siete trabajadores en su organización.

Otro aspecto que ha resultado tener un amplio margen de mejora es el de la asignación y reparto de tareas, pudiendo mejorarse el tiempo dedicado por resultados obtenidos y se concretará con propuestas de mejora en el siguiente capítulo que busquen aportar una mayor eficacia y eficiencia.

En último lugar, se ha averiguado que utilizar el software adecuado también conlleva lograr resultados superiores con un menor esfuerzo y mediante los programas indicados implica un importante ahorro añadido a la entidad.

V. PROPUESTAS DE MEJORA

V. PROPUESTAS DE MEJORA

V. PROPUESTAS DE MEJORA

En este último capítulo se presentan las propuestas de mejora derivadas de la investigación realizada, no solo a las entidades sino también a la normativa que las regula.

En primer lugar cabe decir que el Reglamento para la creación y funcionamiento de Cátedras y Aulas de empresa de la Universitat Politècnica de València del 2012 cumple su cometido con creces y tan solo posee tres apartados que pudieran mejorarse:

- La introducción de la figura de "Cátedras institucionales", creadas a iniciativa del Rectorado o Direcciones de las Escuelas y Facultades, teniendo un ámbito de actuación que afectaría a toda la Universidad. Una figura que podría ser muy positiva para la Universidad en cuanto a investigación y docencia.

- La disminución de la dotación económica para la creación y renovación de, al menos, las Aulas de empresa, para facilitar el aumento de esas entidades. La cifra está situada en 15.000 euros y si se aplicara el mismo criterio que en la Universidad Politécnica de Madrid (10.000 euros), posiblemente se aumentarían el numero de Aulas de empresa. Teniendo en cuenta que un mayor presupuesto no conlleva necesariamente unos mejores resultados, la restricción monetaria no debería ser prohibitiva para la creación o renovación de Cátedras o Aulas de empresa.

- Disminución de la carga administrativa y burocrática común para las Cátedras o al menos las Aulas de empresa, teniendo en cuenta su menor dimensión, y de esa manera que pudieran dedicarse con mayor intensidad y entrega a los fines de la creación de la entidad.

Las siguientes propuestas de mejora tratan sobre el correcto uso de las nuevas tecnologías y sus diversas ventajas y beneficios para todos los tipos de organizaciones. En relación a las Cátedras y Aulas de empresa, las siguientes son las aplicaciones útiles que se pueden adquirir mediante la Universitat Politècnica de València:

- Utilizando la plataforma DreamSpark, es posible instalar en el ordenador de la sede de la entidad con fines docentes y de investigación varios programas y sistemas operativos, a continuación una lista de los recomendados:
    - Microsoft Windows: Resulta casi imprescindible y mediante la plataforma anteriormente citada resulta gratuito. Es muy interesante en el caso de que el ordenador no posea sistema operativo instalado.
    - Microsoft Project: Un software de administración de proyectos que sirve para asignar recursos, desarrollar planes, controlar el presupuesto y las cargas de trabajo. Resulta muy útil para actividades muy largas, complejas o que impliquen a muchas personas, ya que mediante el programa es posible planear de antemano múltiples variables y obtener un mejor resultado en la actividad.

Los programas anteriores son de pago pero resultan gratuitos mediante el convenio entre Microsoft y la Universidad para fines docentes o de investigación. Los citados a continuación son gratuitos o libres y contribuyen de diversas formas a facilitar o mejorar la gestión y administración:

- LibreOffice: Solución ofimática que cuenta con un procesador de texto, editor de hojas de cálculo, gestor de presentaciones, gestor de bases de datos, editor de gráficos vectoriales y editor de fórmulas matemáticas. Resulta de uso imprescindible.

- Prezi mediante la licencia educativa (Edu Enjoy) y utilizando sus ventajas, un método novedoso de preparar presentaciones, además de poder acceder desde cualquier lugar al material.

- Gestión MGD: Programa de fácil uso para mantener al día la contabilidad y totalmente adaptado a la fiscalidad española, en el caso de que en la Cátedra o Aula de empresa haya alguien con conocimientos básicos relativos a la contabilidad.

- Scribus: Para preparar la maquetación de publicaciones en revista, internet, libros u otros medios, de una manera mucho más sencilla que utilizando otros medios.

- Easel-ly: Plataforma creada para realizar carteles online de una manera intuitiva y sencilla, además de contar con unos resultados muy logrados y profesionales.

- Almacenamiento colectivo en la nube, mediante Dropbox o Google Drive: Método más sencillo de compartir documentos y poder colaborar y modificarlos en directo con un grupo de trabajo, además de resultar muy útil que todos los miembros del grupo puedan acceder en todo momento a los archivos.

- Biblio o Biblioteca 2000: Programas muy útiles creados para gestionar una biblioteca especializada fácilmente desde la sede de la Cátedra o Aula de empresa, contando con funciones para prestar libros y documentación.

En lo relativo a la gestión y administración general de las Cátedras y Aulas de empresa se han llegado a las siguientes propuestas de mejora a partir del trabajo realizado:

- El método de contratación de personal que aporta más beneficios es la figura de Beca de colaboración. En primer lugar se ahorra en costes y, en segundo, se cuenta con un alumno durante una jornada reducida (máximo de tres horas diarias), que es justamente lo que necesita una Cátedra o Aula de empresa, y por último lugar se contribuye a la formación del alumno.[23]

- El método más utilizado y más sencillo para organizar la contabilidad de la entidad es mediante la propia Universidad, aunque si se tienen nociones básicas de puede realizar mediante el programa citado anteriormente.

---

[23] Véase Anexo con instrucciones para la Beca de colaboración.

- Aplicar para el reparto de tareas y labores un sistema de fichas[24], mediante las cuales se describen las actividades a realizarse y se encomienda bien a un coordinador o bien a quien las realizará. El Director o encargado solo tendrá que limitarse a rellenar la ficha y reenviarla, ahorrándose así gran parte de las labores administrativas básicas. Otra ventaja es que si la tarjeta o ficha está convenientemente cumplimentada la tarea la podrá realizar cualquier persona, vinculada previamente o no a la Cátedra o Aula de empresa.

---

[24] Véase Anexo con fichas modelo

VI. CONCLUSIONES

VI. CONCLUSIONES

VI. CONCLUSIONES

En este capítulo se propondrán las conclusiones relativas a las Cátedras y Aulas de empresa obtenidas en la realización del presente Trabajo Final de Grado, mientras que las propuestas de mejora se describirán en el siguiente y último apartado.

Como primera conclusión cabe mencionar en especial al Aula de Infancia y Adolescencia, que pese a su corta edad, mantiene un ritmo muy elevado en lo relativo a trabajos en distintos campos, incluso en la investigación. Por lo que las propuestas aportadas al Aula se han dirigido concretamente a mejorar la eficiencia en sus tareas de administración y gestión y no su eficacia.

La situación actual de las Cátedras y Aulas de empresa de la Universitat Politècnica de València avanza favorablemente, teniendo en cuenta que tanto el número de esas entidades como el de las actividades que realizan es muy positivo y prometedor. Sin embargo, las Microweb que tienen a partir de la página web principal de la Universidad en algunos casos no se mantiene actualizada, faltando por un lado información sobre entidades y por otro vías de contacto efectivas. Lo cual es una lástima ya que es la principal forma de contacto y también de publicidad entre las entidades y el exterior, además por esa falta de mantenimiento hay diversas actividades que se han realizado y no consta apenas información sobre ello.

En definitiva, mediante la correcta aplicación de las distintas herramientas propuestas en este trabajo, se puede lograr una gestión mucho más eficaz y a la par eficiente de las Cátedras y Aulas de empresa.

BIBLIOGRAFÍA

BIBLIOGRAFÍA

BIBLIOGRAFÍA

Monografías:

Alarcón González, J. A. (1998). *Reingeniería de procesos.* Madrid: Fundación Confemetal.

Arjonilla Domínguez, S. J., Medina Garrido, J. A. (2011). *La gestión de los sistemas de información en la empresa.* Madrid: Pirámide.

Bartolomé Cenzano, J. C. (2014). *Como estudiar Derecho: Técnicas y herramientas para el aprendizaje del Derecho.* Valencia: Titant lo Blanch.

Beekman, G. (2005). *Introducción a la Informática.* Madrid: Pearson Educación.

Hammer, M., Champy, J. (1994). *Reingeniería.* Colombia: Norma.

Krajewski, L., Ritzman, L., Malhotra, M. (2008). *Administración de operaciones: Procesos y cadenas de valor.* Madrid: Pearson Educación.

Miguel Molina, M. R., Herrero Blasco, A., Bañon Gomis, A. J. (2011). *Teoría de las organizaciones para la Administración Pública.* Valencia: Universitat Politècnica de València.

Pérez-Fernández Velasco, J. A. (1999). *Gestión de la calidad orientada a los procesos.* Madrid: ESIC.

Pérez-Fernández Velasco, J. A. (2012). *Gestión por procesos.* Madrid: ESIC.

Ramió, C. (2010). *Teoría de la Organización y Administración Pública.* Madrid: Tecnos.

Gil Collado, P. (2014). *Memoria Cátedras de Empresa 2013.* Valencia: Editorial Universitat Politècnica de Valencia.

Gil Collado, P. (2015). *Memoria Cátedras de Empresa 2014.* Valencia: Editorial Universitat Politècnica de Valencia.

Consultas electrónicas:

Universitat Politècnica de València (2015). *Cátedras y Aulas de empresa.*

<http://www.upv.es/entidades/CATEMPRE/info/703022norm alc.html> [Consulta: 1 de junio de 2015]

Universitat Politècnica de València (2015). *Noticias en la web: Aula de Infancia y Adolescencia.*

<https://www.upv.es/noticias-upv/noticia-6256-aula-infancia-y-es.html> [Consulta: 2 de junio de 2015]

Universitat Politècnica de València (2015). *Noticias en la web: Nuevas incorporaciones al Aula de Infancia y Adolescencia.*

<http://www.upv.es/contenidos/AULAINAD/noticia_908164c.html> [Consulta: 2 de junio de 2015]

Universitat Politècnica de València (2015). *Microweb Aula de Infancia y Adolescencia.*

<http://www.upv.es/contenidos/AULAINAD/indexc.html> [Consulta: 2 de junio de 2015]

Universitat Politècnica de València (2015). *Becas de colaboración.*

<https://www.upv.es/entidades/SA/becas/443743normalc.html> [Consulta: 25 de junio de 2015]

Universitat Politècnica de València (2015). *Becas de colaboración Tipo A.*

<https://www.upv.es/entidades/SA/becas/395596normalc.html> [Consulta: 25 de junio de 2015]

Aula de Infancia y Adolescencia (2015). *Actividades.*

<http://aulainfanciaadolescencia.es/actividades/> [Consulta: 2 de junio de 2015]

Aula de Infancia y Adolescencia (2015). *Eventos del aula.*

<http://aulainfanciaadolescencia.es> [Consulta: 2 de junio de 2015]

Universidad Politécnica de Madrid (2015). *Cátedras Universidad empresa.*

<http://www.upm.es/observatorio/vi/index.jsp?pageac=proyectos/panel_proyectos.jsp&tp=catedras> [Consulta: 3 de julio de 2015]

Technotes (2015). *Gestión de Procesos.*

< http://technotes.es> [Consulta: 20 de junio de 2015]

Universidad Politécnica de Madrid (2015). *Aulas Universidad Empresa.*

    <http://www.upm.es/institucional/UPM/CanalUPM/Noticias/ci.4789f794904eb410VgnVCM10000009c7648aRCRD.ext2>

    [Consulta: 4 de julio de 2015]

ISSU (2015). *Informe de Cátedras Universidad-Empresa 2015, Universidad Politécnica de Madrid.*

    <http://issuu.com/upm1/docs/informe_catedras_2015_24a81972a78ba9> [Consulta: 4 de julio de 2015]

Vídeo de Internet:

Noticias Destadadas: Aula infancia y adolescencia [2013-12-02] - UPV (2015). *Youtube*

    <https://www.youtube.com/watch?v=slrLhpAsAXQ>

    [Consulta: 4 de julio de 2015]

Legislación y normas:

España. Constitución Española, 1978.

    BOE, 29 de diciembre de 1978, núm. 311

España. Ley Orgánica 6/2001, de 21 de diciembre, de Universidades.

BOE, 24 de diciembre de 2001, núm. 307, p. 49400-49425

España. Ley Orgánica 49/2002, de 23 de diciembre, de régimen fiscal de las entidades sin fines lucrativos y de los incentivos fiscales al mecenazgo.

BOE, 25 de diciembre de 2002, núm. 307, p. 45229-45243

España. Ley Orgánica 2/2011, de 4 de marzo, de Economía Sostenible.

BOE, 5 de marzo de 2011, núm. 55, p. 25033-25235

España. Reglamento para la creación y funcionamiento de Cátedras y Aulas de Empresa de la Universitat Politècnica de València, aprobada en Consejo de Gobierno de 24 de junio de 2012.

España. Reglamento para la creación y funcionamiento de Cátedras de Empresa de la Universitat Politècnica de València, 2010.

España. Normas para la creación y funcionamiento de Cátedras de la Universitat Politècnica de València, de 23 de octubre de 2007.

España. Normativa de creación de Cátedras y Aulas Universidad Empresa, Universidad Politécnica de Madrid, aprobada en Consejo de Gobierno de 24 de julio de 2008.

España. Boletín Oficial de la Universitat Politècnica de València. De diciembre de 2013, núm. 76.

España. Boletín Oficial de la Universitat Politècnica de València. De febrero de 2014, núm. 78.

España. Boletín Oficial de la Universitat Politècnica de València. De septiembre de 2014, núm. 83.

ANEXOS

ANEXOS

ANEXOS

- Reglamento para la creación y funcionamiento de Cátedras y Aulas de empresa de la Universitat Politècnica de València

- Ley 49/2002, de 23 de diciembre, de régimen fiscal de las entidades sin fines lucrativos y de los incentivos fiscales al mecenazgo. Título III Incentivos fiscales al mecenazgo

- Instrucciones sobre el procedimiento para la convocatoria de Beca de colaboración y modelo solicitud

- Modelo de encuesta utilizada

- Resultado encuestas (sin especificar nombres por petición de algunas Cátedras)

- Fichas para el reparto de actividades

Reglamento para la creación y funcionamiento de Cátedras y Aulas de empresa de la Universitat Politècnica de València

REGLAMENTO PARA LA CREACIÓN Y FUNCIONAMIENTO DE CÁTEDRAS Y AULAS DE EMPRESA DE LA UNIVERSITAT POLITÈCNICA DE VALÈNCIA

Aprobado por el Consejo de Gobierno de 26 de junio de 2012.

PREÁMBULO

El programa de Cátedras de empresa de la Universitat Politècnica de València surgió para potenciar al máximo la relación entre la comunidad universitaria y el entorno empresarial, que ha caracterizado la trayectoria de esta Universitat desde su fundación. Las empresas, las instituciones y otras entidades con vinculación empresarial contribuyen, mediante la colaboración para la creación de Cátedras de empresa, a la generación y difusión de conocimiento, y a la formación de futuros profesionales en áreas de interés común de la empresa y la universidad.

La experiencia de años de funcionamiento del programa de Cátedras de empresa y diferentes iniciativas desde la Universitat y desde la empresa, así como la experiencia de otras universidades, han puesto de manifiesto la diversidad de modalidades de colaboración entre la universidad y la empresa.

Además de las Cátedras de empresa otra de estas modalidades de colaboración son las Aulas de empresa, que se regulan, también, en este Reglamento para ampliar el programa de Cátedras con las Aulas de empresa.

En el presente Reglamento se regulan las dos modalidades colaboración, diferenciadas por la aportación económica de las empresas y por el tipo de actividades que se pueden desarrollar en cada una de ellas.

Las Cátedras de empresa, con mayor dotación económica, pueden desarrollar actividades de formación, de divulgación y transferencia de conocimiento, y de investigación; la duración mínima del convenio Cátedras es de un año. Las Aulas de empresa, con menor aportación económica, desarrollan actividades de formación y de divulgación y transferencia de conocimiento; la duración mínima del convenio de Aulas es de un año o un curso académico.

Para las empresas, la participación en la creación y en el funcionamiento de Cátedras y Aulas de empresa, además de ser una expresión de responsabilidad social empresarial con repercusión positiva para la sociedad, es una oportunidad para establecer el más estrecho contacto con la vanguardia de la investigación y del conocimiento generado en la universidad, asociando su nombre a la historia y al prestigio y a la marca de la Universitat Politècnica de València, acompañándola en el objetivo de contribuir a la formación de profesionales y al desarrollo económico y social respetuoso con el medio ambiente. La empresa innovadora busca el talento que se genera en la universidad que es lo que marca la diferencia en la sociedad del conocimiento.

Para la comunidad universitaria, alumnos, profesores e investigadores las Cátedras y Aulas de empresa facilitan la relación con empresas de primer nivel, preocupadas por el conocimiento y la innovación, propiciando una amplia comunicación en el marco de las actividades de formación, de difusión y divulgación de conocimiento y de investigación. Las iniciativas de las Cátedras y las Aulas deben contribuir a incrementar la más amplia oferta de actividades, que los Centros y las distintas

entidades de la Universitat Politècnica de València participantes ofrecen a alumnos y profesores.

Las Cátedras de empresa que se basen en la colaboración en proyectos de investigación son, según el artículo 64 de la Ley 2/2011, de 4 de marzo, de Economía sostenible, una modalidad de colaboración entre las universidades y el sector productivo que permite a los estudiantes universitarios participar y conciliar su actividad investigadora con la mejora de su formación.

Las primeras Cátedras de empresa surgieron en la Universitat Politècnica de València en el año 1999. En el año 2005 el Consejo de Dirección acuerda activar el programa de Cátedras de empresa, dando un nuevo impulso al mismo que, con la colaboración de los Centros, pasa de seis Cátedras de empresa en 2005 a treinta y nueve activas en 2010.

En el año 2007 se acordaron las primeras Normas para la creación de Cátedras de empresa. En 2010 se aprobó el Reglamento para la creación y funcionamiento de Cátedras de empresa. El presente reglamento de Cátedras y Aulas de empresa, que sustituye al de 2010, amplía su contenido a la regulación de las Aulas de empresas que, por sus características, responden a acuerdos para el desarrollo de actividades vinculadas con la formación y de difusión del conocimiento.

TÍTULO I
DEFINICIÓN, OBJETIVOS Y CREACIÓN DE LA CÁTEDRA DE EMPRESA

CAPÍTULO 1
DEFINICIÓN, OBJETIVOS Y ACTIVIDADES

Artículo 1. Definición y objetivos.

1. Las Cátedras de empresa son una forma de establecer una amplia y cualificada colaboración de empresas, fundaciones o entidades con vinculación empresarial (en adelante empresas) con la Universitat Politècnica de València para desarrollar objetivos de docencia, investigación, transferencia de tecnología y conocimiento.

2. Las Aulas de empresa son el resultado de los acuerdos entre la Universitat Politècnica de València y las empresas para el desarrollo de actividades formativas y de difusión del conocimiento. Se diferencian por el tipo de actividades que pueden realizar, por la aportación económica y por la duración inicial.

Artículo 2. Actividades.

1. Para el cumplimiento de sus objetivos, las Cátedras y Aulas de empresa podrán realizar, entre otras, las siguientes actividades:

a) Actividades de formación en Cátedras y Aulas
   1. Colaboración en másteres y otras actividades docentes.
   2. Colaboración en el diseño e impartición de programas de formación permanente.
   3. Becas predoctorales y posdoctorales.
   4. Premios a proyectos de fin de carrera, trabajos y concursos de ideas.
   5. Conferencias, seminarios y talleres.

6. Promoción de prácticas en empresas e instituciones.
7. Colaboración en planes de formación de la empresa.
8. Visitas a empresas.

b) Actividades de divulgación y transferencia de conocimiento en Cátedras y Aulas
   1. Realización de jornadas de divulgación técnica, tecnológica y artística.
   2. Publicaciones sobre temas de interés en el ámbito de la Cátedra y del Aula.
   3. Promoción en acontecimientos científicos, técnicos y artísticos.
   4. Organización de exposiciones y promoción de actividades culturales.
   5. Divulgación de las actividades de la Cátedra y del Aula.

c) Actividades de investigación y desarrollo en Cátedras
   1. Desarrollo de líneas de investigación conjunta.
   2. Cooperación para lograr proyectos de investigación en ámbito valenciano, español y europeo.
   3. Apoyo en la realización de tesis doctorales en el área de conocimiento de la Cátedra.
   4. Realización de trabajos de investigación.
   5. Promoción de encuentros nacionales e internacionales de expertos en el área de interés de la Cátedra.
   6. Estudios de temas ambientales y de sostenibilidad de interés para la Cátedra.

2. Las Cátedras y Aulas de empresa promoverán la realización de las actividades establecidas en el Convenio de creación de la Cátedra y las que, siendo del mismo tipo y consideradas de interés para ambas partes, sean acordadas en la Comisión de Seguimiento.

CAPITULO 2
CREACIÓN Y FINANCIACIÓN DE LA CÁTEDRA Y DEL AULA DE EMPRESA

Artículo 3. Iniciativa de creación y adscripción de la Cátedra y del Aula de empresa.

1. Corresponde la iniciativa para la creación de Cátedras y Aulas de empresa a:

a) Las empresas.
b) Los Centros Docentes, Departamentos, Institutos Universitarios, Institutos y Centros de investigación propios y Vicerrectorados (en adelante Entidad universitaria).

2. Las Empresas, y/o la Entidad universitaria promotoras presentarán la propuesta de creación de la Cátedra o el Aula al Vicerrectorado que tenga asignada la competencia en materia de empleo quien, tras analizar el cumplimiento de los requisitos, elevará la propuesta a Rectorado para su aprobación.

3. En la creación de una Cátedra o un Aula de empresa podrán participar más de una Empresa y más de una Entidad universitaria. La Cátedra o el Aula serán adscritas a una de las Entidades promotoras de la misma. Las Cátedras y Aulas podrán tener un ámbito de actuación más amplio que el de su adscripción y en sus actividades podrán participar el personal docente e investigador y el alumnado de toda la Comunidad universitaria.

4. Las Cátedras y Aulas de empresa utilizarán las instalaciones de la Universitat, de acuerdo con la normativa de la Universitat Politècnica de València.

5. La Entidad universitaria a la que esté adscrita la Cátedra habilitará un espacio como sede de la misma.

Artículo 4. Modo de creación.

Las Cátedras y Aulas de empresa se crearán mediante la firma de un Convenio de colaboración entre la Universitat y una o varias Empresas, cuyos objetivos serán los señalados en el artículo 1 del presente Reglamento.

Artículo 5.- Contenido mínimo del Convenio.

1. El Convenio por el que se creen las Cátedras y Aulas de empresa deberá contener, al menos, el contenido siguiente:

a) La denominación de la Cátedra/Aula.
b) Las actividades que se van a desarrollar en el marco de la Cátedra o del Aula.
c) La duración del convenio por el que se crea la Cátedra o el Aula y la forma de renovación posterior y de extinción.
d) La dotación económica con la que se van a financiar las actividades.
e) La estructura organizativa de la Cátedra o Aula.
f) El compromiso de las partes de divulgar la existencia y actividades de la Cátedra o del Aula y la utilización de la marca Universitat Politècnica de València.

2. Los convenios de las Cátedras y Aulas de Empresa se inscribirán en el Registro Oficial de Convenios de la Universitat Politècnica de València adscrito a la Secretaría General.

Artículo 6. Dotación económica de la Cátedra.

1. Las Cátedras y Aulas de empresa de la Universitat Politècnica de València se financiarán con las aportaciones de las Empresas, con las subvenciones y otros ingresos que puedan conseguir en el marco de las actividades previstas en el Convenio de creación.

2. La aportación mínima que las empresas realizarán anualmente para financiar la Cátedra de empresa será de treinta mil euros.

3. La aportación mínima que las empresas realizarán anualmente para financiar el Aula de empresa será de quince mil euros.

4. Podrá destinarse hasta el cinco por ciento de la dotación de la Cátedra o del Aula, en concepto de gasto por utilización de infraestructuras, a la Entidad universitaria a que esté adscrita la Cátedra.

5. En el Convenio de la Cátedra o del Aula se establecerá la forma en la que se realizará la aportación económica por parte de la empresa a la Cátedra o al Aula.

6. El tratamiento fiscal de los convenios de creación de las Cátedras y Aulas será el que corresponda, de acuerdo con la legislación vigente, al contenido de las actividades a desarrollar y de los contratos derivados de las actividades de las Cátedras.

7. Además de las aportaciones dinerarias mínimas establecidas, las empresas, fundaciones o entidades con vinculación empresarial podrán realizar aportaciones no dinerarias, de acuerdo con la normativa de la Universitat Politècnica de València y conforme a lo establecido en el Capítulo II, régimen fiscal de las donaciones y aportaciones, del Título III de la Ley 49/2002, de 23 de diciembre de régimen fiscal de entidades sin fines lucrativos y de los incentivos fiscales al mecenazgo.

TÍTULO II
ÓRGANOS DE DIRECCIÓN DE LA CÁTEDRA O AULA. COMPOSICIÓN Y FUNCIONES

Artículo 7. Órganos de dirección de la Cátedra o Aula.

1. El órgano máximo de dirección de la Cátedra o Aula es la Comisión de seguimiento, órgano colegiado paritario, compuesto por representantes de la Universitat Politècnica de València y por representantes de la empresa promotora de la Cátedra o Aula.

2. Al Director o la Directora de la Cátedra o Aula corresponde la dirección de las actividades y la gestión económica de la Cátedra o Aula.

CAPÍTULO 1
COMISIÓN SEGUIMIENTO DE LA CÁTEDRA O AULA

Artículo 8. Funciones de la Comisión de seguimiento de la Cátedra o Aula.

Las funciones de la Comisión de seguimiento serán:

a) Aprobar los programas de actuación de la Cátedra o Aula, con detalle de las actividades a realizar y la correspondiente asignación presupuestaria a las mismas.
b) Seguimiento y evaluación de las actividades desarrolladas.
c) Aprobación de la liquidación del Presupuesto y del destino de los remanentes.
d) Aprobación de las ampliaciones de la dotación económica de la Cátedra o Aula para la financiación de actividades acordadas.
e) Aprobación de la Memoria anual de actividades.
f) Adoptar los acuerdos necesarios para el cumplimiento de los fines y objetivos de la Cátedra o Aula, de acuerdo con la normativa de la Universitat Politècnica de València y el presente Convenio.
g) Proponer la transformación de Cátedra de empresa en Aula y del Aula en Cátedra de empresa, de acuerdo con la aportación económica y duración del Convenio.

Artículo 9. Composición de la Comisión de seguimiento de la Cátedra o Aula.

1. Se creará, para cada Cátedra o Aula de empresa, una Comisión de seguimiento que estará compuesta por:

a) El Vicerrector que tenga asignadas las competencias en materia de empleo, o persona en quien delegue.
b) El Director de la Entidad universitaria a la que esté adscrita la Cátedra o Aula o persona en quien delegue.

c) Director de la Cátedra o Aula.
d) Tres representantes de la Empresa.

2. La Comisión de seguimiento podrá ser más amplia por acuerdo de las partes y, en todo caso, cuando en la creación de la Cátedra o Aula participe más de una Entidad universitaria o más de una Empresa, manteniendo su carácter paritario.

3. En el caso de las Aulas de empresa, el convenio por el que se crea el Aula podrá establecer una composición más reducida de la comisión de seguimiento.

Artículo 10. Funcionamiento de la Comisión de seguimiento.

1. La Comisión se reunirá como mínimo una vez al año. Las reuniones las convocará la Dirección de la Cátedra o Aula con una antelación mínima de quince días y el acta de acuerdos, una vez aprobada, debe remitirse al Vicerrectorado que tenga asignadas las competencias en materia de empleo.

2. En la primera reunión de la comisión de seguimiento la Dirección de la Cátedra o Aula presentará la propuesta de actividades a realizar durante la anualidad de la Cátedra o Aula con una previsión presupuestaria.

3. En la reunión de final de cada anualidad se presentará el informe final de actividades realizadas junto con la liquidación presupuestaria.

4. La Comisión podrá acordar dotar a la Cátedra de personal técnico y administrativo de acuerdo con las disponibilidades económicas de la Cátedra, las funciones a desarrollar y las normas de contratación de personal de la Universitat Politècnica de València.

5. La Comisión de seguimiento podrá recabar el asesoramiento que considere oportuno. Cuando la diversidad de actividades de la Cátedra lo requiera, la Comisión de seguimiento, a propuesta del Director de la Cátedra, podrá nombrar un codirector académico para mayor agilidad del desarrollo de las actividades programadas.

CAPÍTULO 2
DIRECCIÓN DE LA CÁTEDRA O AULA

Artículo 11. Nombramiento del Director/a

1. La Dirección de la Cátedra o Aula será ejercida por un profesor/a de la Universitat Politècnica de València, propuesto/a por la Empresa, que responderá a un perfil de prestigio profesional, técnico y científico reconocido en el ámbito de la Cátedra o del Aula y con dedicación a tiempo completo a la universidad.

2. El Vicerrectorado que tenga asignadas las competencias en materia de empleo será el encargado de presentar la propuesta a Rectorado, que nombrará al Director/a de la Cátedra o Aula.

Artículo 12. Funciones de la Dirección de la Cátedra o Aula.

1. Corresponde a la Dirección de la Cátedra o del Aula, de acuerdo con la empresa, proponer a la Comisión de seguimiento el programa de actividades a desarrollar de la Cátedra o Aula.

2. Asimismo le corresponde a la Dirección de la Cátedra o del Aula la responsabilidad de la ejecución de los acuerdos adoptados por la Comisión de seguimiento.

3. El Director/a de la Cátedra o Aula será el responsable de la gestión económica de la misma.

4. La Dirección de la Cátedra o Aula es la persona encargada de convocar las reuniones de la Comisión de seguimiento, establecer el orden del día, preparar la documentación y levantar acta de la reunión.

5. La entidad universitaria a la que esté adscrita la Cátedra o el Aula prestará apoyo a la Dirección para la gestión administrativa de la misma.

Artículo 13. Reconocimiento por gestión.

Podrá destinarse hasta el cinco por ciento de la dotación económica de la Cátedra en concepto de gastos de representación de la dirección de la Cátedra.

TÍTULO III
DURACIÓN, RENOVACIÓN Y EXTINCIÓN

CAPÍTULO 1
DURACIÓN Y RENOVACIÓN

Artículo 14. Duración.

1. El convenio de creación de la Cátedra establecerá la duración de la misma, que será mínima de un año y máxima de cinco años, renovable por los mismos periodos o por periodos anuales.

2. La Comisión de seguimiento podrá acordar la extinción de la Cátedra antes de los plazos acordados, respetando los compromisos económicos adquiridos para la realización de actividades.

3. La duración mínima de un Aula será de un año o un curso académico y la máxima de tres años, renovable por los mismos periodos.

Artículo 15. Renovación.

1. La renovación de la Cátedra o del Aula se formalizará mediante la firma de una Adenda al Convenio, o de un nuevo Convenio si el contenido del mismo lo requiere.

2. La Comisión de seguimiento será la encargada de presentar la propuesta de renovación de la Cátedra o del Aula, mediante Adenda o mediante nuevo convenio, al Vicerrectorado que tenga asignadas las competencias en materia de empleo, quien elevará la propuesta a Rectorado.

Artículo 16.- Extinción del Convenio de Cátedra o Aula.

1. Los convenios de Cátedras y Aulas se extinguirán según lo estipulado en su articulado que establecerá los supuestos de finalización de la colaboración y los plazos de denuncia del mismo.

2. Las partes podrán denunciar el convenio con tres meses de antelación a la fecha en que vayan a darlo por finalizado, manteniéndose el desarrollo de las actividades iniciadas hasta su finalización y las obligaciones económicas acordadas.

3. La Cátedra de empresa se extinguirá, también, por la inactividad de la misma y por la no renovación del convenio en el plazo de seis meses desde la finalización del anterior.

TÍTULO IV
DIFUSIÓN DE LAS ACTIVIDADES

Artículo 17. Difusión de actividades

1. La Universitat Politècnica de València difundirá por cualquier medio la participación y colaboración de la Empresa, en todas las actividades que realice la Cátedra o Aula.

2. Se editará una Memoria Anual donde quedarán reflejadas las actividades más importantes realizadas por las Cátedras y Aulas de empresa.

3. Todas las Cátedras o Aulas de empresa dispondrán de una microweb con acceso desde la página de la Universitat Politècnica de València.

4. En la web de la Cátedra podrá incluirse toda la información relativa a la Cátedra, a las actividades programadas y realizadas, a los órganos de gestión y dirección de la Cátedra, así como las memorias o informes finales de cada una de las Cátedras.

5. Cuando, como consecuencia del desarrollo del convenio, la empresa considere necesario usar el logotipo de la Universitat Politècnica de València deberá solicitar autorización previa, a través del Área de Comunicación de la Universitat.

TÍTULO V
TITULARIDAD DE DERECHOS

Artículo 18.- Derechos de propiedad intelectual.

La titularidad de los derechos de propiedad intelectual que se pudieran derivar de las actividades de las Cátedras corresponde a la parte que los genera. Si no se puede determinar la aportación de cada una de las partes a estos resultados, el derecho de propiedad intelectual se repartirá equitativamente. Para ello, las partes suscribirán un contrato en el que se determinarán las condiciones de explotación.

Disposición transitoria

Las Cátedras y Aulas de empresa de la Universitat Politècnica de València con Convenio vigente deberán adaptar el convenio al presente Reglamento cuando proceda la renovación del mismo.

Disposición derogatoria

Queda derogado el Reglamento para la creación y funcionamiento de Cátedras de empresa aprobado por el Consejo de Gobierno de 16 de diciembre de 2010.

Disposición final

El presente Reglamento entrará en vigor al día siguiente de su aprobación por el Consejo de Gobierno de la Universitat Politècnica de València.

Ley 49/2002, de 23 de diciembre, de régimen fiscal de las entidades sin fines lucrativos y de los incentivos fiscales al mecenazgo. Título III Incentivos fiscales al mecenazgo

TÍTULO III
Incentivos fiscales al mecenazgo

CAPÍTULO I
Entidades beneficiarias

Artículo 16. *Entidades beneficiarias del mecenazgo.*

Los incentivos fiscales previstos en este Título serán aplicables a los donativos, donaciones y aportaciones que, cumpliendo los requisitos establecidos en este Título, se hagan en favor de las siguientes entidades:

a) Las entidades sin fines lucrativos a las que sea de aplicación el régimen fiscal establecido en el Título II de esta Ley.
b) El Estado, las Comunidades Autónomas y las Entidades Locales, así como los Organismos autónomos del Estado y las entidades autónomas de carácter análogo de las Comunidades Autónomas y de las Entidades Locales.
c) Las universidades públicas y los colegios mayores adscritos a las mismas.
d) El Instituto Cervantes, el Institut Ramon Llull y las demás instituciones con fines análogos de las Comunidades Autónomas con lengua oficial propia.

CAPÍTULO II
Régimen fiscal de las donaciones y aportaciones

Artículo 17. *Donativos, donaciones y aportaciones deducibles.*

1. Darán derecho a practicar las deducciones previstas en este Título los siguientes donativos, donaciones y aportaciones irrevocables, puros y simples, realizados en favor de las entidades a las que se refiere el artículo anterior:

a) Donativos y donaciones dinerarios, de bienes o de derechos.
b) Cuotas de afiliación a asociaciones que no se correspondan con el derecho a percibir una prestación presente o futura.
c) La constitución de un derecho real de usufructo sobre bienes, derechos o valores, realizada sin contraprestación.
d) Donativos o donaciones de bienes que formen parte del Patrimonio Histórico Español, que estén inscritos en el Registro general de bienes de interés cultural o incluidos en el Inventario general a que se refiere la Ley 16/1985, de 25 de junio, del Patrimonio Histórico Español.
e) Donativos o donaciones de bienes culturales de calidad garantizada en favor de entidades que persigan entre sus fines la realización de actividades museísticas y el fomento y difusión del patrimonio histórico artístico.

2. En el caso de revocación de la donación por alguno de los supuestos contemplados en el Código Civil, el donante ingresará, en el período impositivo en el que dicha revocación se produzca, las cuotas correspondientes a las deducciones aplicadas, sin perjuicio de los intereses de demora que procedan.

Lo establecido en el párrafo anterior se aplicará en los supuestos a los que se refiere el apartado 2 del artículo 23 de la Ley Orgánica 1/2002, de 22 de marzo, reguladora del Derecho de Asociación.

Artículo 18. *Base de las deducciones por donativos, donaciones y aportaciones.*

1. La base de las deducciones por donativos, donaciones y aportaciones realizados en favor de las entidades a las que se refiere el artículo 16 será:

a) En los donativos dinerarios, su importe.
b) En los donativos o donaciones de bienes o derechos, el valor contable que tuviesen en el momento de la transmisión y, en su defecto, el valor determinado conforme a las normas del Impuesto sobre el Patrimonio.
c) En la constitución de un derecho real de usufructo sobre bienes inmuebles, el importe anual que resulte de aplicar, en cada uno de los períodos impositivos de duración del usufructo, el 2 por 100 al valor catastral, determinándose proporcionalmente al número de días que corresponda en cada período impositivo.
d) En la constitución de un derecho real de usufructo sobre valores, el importe anual de los dividendos o intereses percibidos por el usufructuario en cada uno de los períodos impositivos de duración del usufructo.
e) En la constitución de un derecho real de usufructo sobre otros bienes y derechos, el importe anual resultante de aplicar el interés legal del dinero de cada ejercicio al valor del usufructo determinado en el momento de su constitución conforme a las normas del Impuesto sobre Transmisiones Patrimoniales y Actos Jurídicos Documentados.
f) En los donativos o donaciones de obras de arte de calidad garantizada y de los bienes que formen parte del Patrimonio Histórico Español a que se refieren los párrafos d) y e) del apartado 1 del artículo 17 de esta Ley, la valoración efectuada por la Junta de Calificación, Valoración y Exportación. En el caso de los bienes culturales que no formen parte del Patrimonio Histórico Español, la Junta valorará, asimismo, la suficiencia de la calidad de la obra.

2. El valor determinado de acuerdo con lo dispuesto en el apartado anterior tendrá como límite máximo el valor normal en el mercado del bien o derecho transmitido en el momento de su transmisión.

Artículo 19. *Deducción de la cuota del Impuesto sobre la Renta de las Personas Físicas.*

1. Los contribuyentes del Impuesto sobre la Renta de las Personas Físicas tendrán derecho a deducir de la cuota íntegra el 25 por 100 de la base de la deducción determinada según lo dispuesto en el artículo 18.

2. La base de esta deducción se computará a efectos del límite previsto en el artículo 56, apartado 1, de la Ley 40/1998, de 9 de diciembre, del Impuesto sobre la Renta de las Personas Físicas y otras Normas Tributarias.

Artículo 20. *Deducción de la cuota del Impuesto sobre Sociedades.*

1. Los sujetos pasivos del Impuesto sobre Sociedades tendrán derecho a deducir de la cuota íntegra, minorada en las deducciones y bonificaciones previstas en los capítulos II, III y IV del Título VI de la Ley 43/1995, de 27 de diciembre, del Impuesto sobre Sociedades, el 35 por 100 de la base de la deducción determinada según lo dispuesto en el artículo 18. Las cantidades correspondientes al período impositivo no deducidas podrán aplicarse en las liquidaciones de los períodos impositivos que concluyan en los 10 años inmediatos y sucesivos.

2. La base de esta deducción no podrá exceder del 10 por 100 de la base imponible del período impositivo. Las cantidades que excedan de este límite se podrán aplicar en los períodos impositivos que concluyan en los diez años inmediatos y sucesivos.

Artículo 21. *Deducción de la cuota del Impuesto sobre la Renta de no Residentes.*

1. Los contribuyentes del Impuesto sobre la Renta de no Residentes que operen en territorio español sin establecimiento permanente podrán aplicar la deducción establecida en el apartado 1 del artículo 19 de esta Ley en las declaraciones que por dicho impuesto presenten por hechos imponibles acaecidos en el plazo de un año desde la fecha del donativo, donación o aportación.
La base de esta deducción no podrá exceder del 10 por 100 de la base imponible del conjunto de las declaraciones presentadas en ese plazo.
2. Los contribuyentes del Impuesto sobre la Renta de no Residentes que operen en territorio español mediante establecimiento permanente podrán aplicar la deducción establecida en el artículo anterior.

Artículo 22. *Actividades prioritarias de mecenazgo.*

La Ley de Presupuestos Generales del Estado podrá establecer una relación de actividades prioritarias de mecenazgo en el ámbito de los fines de interés general citados en el número 1.º del artículo 3 de esta Ley, así como las entidades beneficiarias, de acuerdo con su artículo 16.
En relación con dichas actividades y entidades, la Ley de Presupuestos Generales del Estado podrá elevar en cinco puntos porcentuales, como máximo, los porcentajes y límites de las deducciones establecidas en los artículos 19, 20 y 21 de esta Ley.

Artículo 23. *Exención de las rentas derivadas de donativos, donaciones y aportaciones.*

1. Estarán exentas del Impuesto sobre la Renta de las Personas Físicas, del Impuesto sobre Sociedades o del Impuesto sobre la Renta de no Residentes que grave la renta del donante o aportante las ganancias patrimoniales y las rentas positivas que se pongan de manifiesto con ocasión de los donativos, donaciones y aportaciones a que se refiere el artículo 17 de esta Ley.
2. Estarán exentos del Impuesto sobre el Incremento de Valor de los Terrenos de Naturaleza Urbana los incrementos que se pongan de manifiesto en las transmisiones de terrenos, o en la constitución o transmisión de derechos reales de goce limitativos del dominio, realizadas con ocasión de los donativos, donaciones y aportaciones a que se refiere el artículo 17 de esta Ley.

Artículo 24. *Justificación de los donativos, donaciones y aportaciones deducibles.*

1. La efectividad de los donativos, donaciones y aportaciones deducibles se justificará mediante certificación expedida por la entidad beneficiaria, con los requisitos que se establezcan reglamentariamente.
2. La entidad beneficiaria deberá remitir a la Administración tributaria, en la forma y en los plazos que se establezcan reglamentariamente, la información sobre las certificaciones expedidas.
3. La certificación a la que hace referencia en los apartados anteriores deberá contener, al menos, los siguientes extremos:

a) El número de identificación fiscal y los datos de identificación personal del donante y de la entidad donataria.
b) Mención expresa de que la entidad donataria se encuentra incluida en las reguladas en el artículo 16 de esta Ley.
c) Fecha e importe del donativo cuando éste sea dinerario.
d) Documento público u otro documento auténtico que acredite la entrega del bien donado cuando no se trate de donativos en dinero.
e) Destino que la entidad donataria dará al objeto donado en el cumplimiento de su finalidad específica.
f) Mención expresa del carácter irrevocable de la donación, sin perjuicio de lo establecido en las normas imperativas civiles que regulan la revocación de donaciones.

CAPÍTULO III

Régimen fiscal de otras formas de mecenazgo

Artículo 25. *Convenios de colaboración empresarial en actividades de interés general.*

1. Se entenderá por convenio de colaboración empresarial en actividades de interés general, a los efectos previstos en esta Ley, aquel por el cual las entidades a que se refiere el artículo 16, a cambio de una ayuda económica para la realización de las actividades que efectúen en cumplimiento del objeto o finalidad específica de la entidad, se comprometen por escrito a difundir, por cualquier medio, la participación del colaborador en dichas actividades.
La difusión de la participación del colaborador en el marco de los convenios de colaboración definidos en este artículo no constituye una prestación de servicios.
2. Las cantidades satisfechas o los gastos realizados tendrán la consideración de gastos deducibles para determinar la base imponible del Impuesto sobre Sociedades de la entidad colaboradora o del Impuesto sobre la Renta de no Residentes de los contribuyentes que operen en territorio español mediante establecimiento permanente o del rendimiento neto de la actividad económica de los contribuyentes acogidos al régimen de estimación directa del Impuesto sobre la Renta de las Personas Físicas.
3. El régimen fiscal aplicable a las cantidades satisfechas en cumplimiento de estos convenios de colaboración será incompatible con los demás incentivos fiscales previstos en esta Ley.

Artículo 26. *Gastos en actividades de interés general.*

1. Para la determinación de la base imponible del Impuesto sobre Sociedades, del Impuesto sobre la Renta de no Residentes de los contribuyentes que operen en territorio español mediante establecimiento permanente o del rendimiento neto de la actividad económica de los contribuyentes acogidos al régimen de estimación directa del Impuesto sobre la Renta de las Personas Físicas, tendrán la consideración de deducibles los gastos realizados para los fines de interés general a que se refiere el número 1.º del artículo 3 de esta Ley.
2. La deducción de los gastos en actividades de interés general a que se refiere el apartado anterior será incompatible con los demás incentivos fiscales previstos en esta Ley.

Artículo 27. *Programas de apoyo a acontecimientos de excepcional interés público.*

1. Son programas de apoyo a acontecimientos de excepcional interés público el conjunto de incentivos fis-

Instrucciones sobre el procedimiento para la convocatoria de Beca de colaboración y modelo solicitud

UNIVERSIDAD
POLITÉCNICA
DE VALENCIA

SERVICIO DE ALUMNADO

UNIDAD DE BECAS

INSTRUCCIONES SOBRE EL PROCEDIMIENTO PARA LA CONVOCATORIA DE BECAS DE COLABORACIÓN TIPO "A"

(Para estudiantes de 1er. o 2º ciclo no vinculados a contratos o convenios de investigación)

▫ La Normativa de becas y ayudas para alumnos de la UPV se encuentra para su consulta en la página Web del Servicio de Alumnado (www.upv.es/alumnado, apartado becas, normativa/convocatorias), donde están incluidas las becas de colaboración tipo "A".

▶ Aquellas unidades que deseen becarios de colaboración tipo "A" deben rellenar el impreso de solicitud que se encuentra a continuación, y remitirlo al Servicio de Alumnado (Unidad de Becas), para que se proceda a la elaboración y publicación de la convocatoria. Debe tenerse en cuenta que, con carácter previo a la publicación de la convocatoria se procederá a la Retención de Crédito necesario para atenderla, en el centro de coste indicado en la solicitud.

▫ Instrucciones para la cumplimentación de la solicitud:
- **En el punto 4: Período**
  Se indicará el período de colaboración solicitado para el becario, teniendo en cuenta que debe estar dentro de uno de los siguientes períodos:
  a) 01/septiembre/2007 hasta el 31/agosto/2008
  b) 01/octubre/2007 hasta el 30/septiembre/2008
- **En el punto 5: Dedicación Semanal**
  Deberá cumplimentarse, en todo caso, el párrafo de justificación cuando la beca comprenda el mes de agosto.
- **En el punto 9: Requisitos Becario/a**
  Deberán indicarse los requisitos **indispensables** que el becario debe de cumplir para la realización de su colaboración. Hay que tener en cuenta que no podrá obtener la beca ningún solicitante que no cumpla estos requisitos.
- **En el punto 10: Méritos a considerar**
  Deberán indicarse con su valor en puntos, aquellos apartados que se utilizarán para priorizar las solicitudes y elegir al becario/a.
  Si se prevé entrevista, debe disponer de la citación a únicamente un número limitado de aspirantes, que sean suficientes para cubrir las becas.
  La solicitud de convocatoria deberá ser firmada por el responsable de la Oficina Gestora a la que se cargue el coste de la beca.

▫ La publicación de la convocatoria se efectuará en la página Web del Servicio de Alumnado, remitiéndose también a las Secretaría de los Centros y a la Delegación de Alumnos.

▫ Finalizado el plazo de presentación de solicitudes, la unidad solicitante de la convocatoria debe retirar las mismas del Registro general para proceder a una baremación previa de las solicitudes atendiéndose a los méritos indicados en la convocatoria, realizada dicha baremación previa y días antes de la fecha de inicio del período de colaboración, se pondrá en contacto con la Presidencia de la Comisión de Selección y la Unidad de Becas para establecer la fecha en que se reunirá la Comisión de Selección.

▫ Tras la reunión de la Comisión, se elaborará la resolución de la convocatoria que será publicada en la Web del Servicio de Alumnado enviando por correo el nombramiento a los becarios, con instrucciones para el cobro.

SOLICITUD DE CONVOCATORIA DE BECAS COLABORACIÓN TIPO "A"

MAGFCO. Y EXCMO. SR RECTOR DE LA UNIVERSIDAD POLITÉCNICA DE VALENCIA

(Enviar al Servicio de Alumnado – Unidad de Becas)

UNIVERSIDAD
POLITÉCNICA
DE VALENCIA

SERVICIO DE ALUMNADO

UNIDAD DE BECAS

DENOMINACIÓN DE LA BECA:

1) FINALIDAD:

2) DESTINO DE LA COLABORACIÓN:
3) NÚMERO DE BECAS:
4) PERÍODO: Fecha inicio: Fecha fin:
   Incluye mes de agosto (si procede) :   (SI/NO)
   Si ha indicado la inclusión del mes de agosto exponga el motivo de la colaboración en dicho mes:

5) DEDICACIÓN SEMANAL: (máximo 15 horas/semana)
6) IMPORTE ECONÓMICO TOTAL: xxxx € (xxxx € mensual)
   Máximo mensual de 360 € (15 horas/semana de dedicación), siendo la proporción de 6 €/hora de colaboración.
7) OFICINA GESTORA: xxxxxx
   (Con carácter previo a la publicación de la convocatoria se procederá a retener en el Centro de Coste indicado el importe total para atender la misma).
8) COMISIÓN SELECCIÓN:
   - Presidente:
     (El Vicerrector/a, Decano/a o Director/a de Centro, Departamento o Instituto designado por el Rector)
   - Vocal:
     (Un miembro propuesto por la Unidad que solicita la convocatoria)
9) REQUISITOS BECARIO: (en su caso)

(Ejemplo: Alumno que haya superado el 80% de los créditos....... Haber superado determinada asignatura.....)
10) MÉRITOS A CONSIDERAR:

MAGFCO. Y EXCMO. SR RECTOR DE LA UNIVERSIDAD POLITÉCNICA DE VALENCIA

(Enviar al Servicio de Alumnado – Unidad de Becas)

UNIVERSIDAD
POLITÉCNICA
DE VALENCIA

SERVICIO DE ALUMNADO

UNIDAD DE BECAS

- Expediente académico: Se valorará según la fórmula elegida (necesariamente)
  Seleccione una alternativa obligatoriamente:

  ☐ *Fórmula A (tiene en cuenta el rendimiento académico)*

Nota media + (Ctos superado / ctos totales) * 10

  ☐ *Fórmula B (valora el rendimiento académico en función del tiempo, penalizando la mayor duración)*

Nota media + (ctos superados / número de cursos en que ha efectuado matrícula en la titulación)/10

- Otros méritos: (puede indicar hasta un máximo de 20 puntos).

Mérito	Criterio de evaluación	Puntuación máxima

11) TAREAS A DESARROLLAR POR EL BECARIO/A:

12) PERSONA RESPONSABLE DEL BECARIO/A:
    Nombre: Cargo:
    E-mail: Extensión:

Valencia, a ....de........... de 2006

Fdo: *(el responsable de la Unidad que solicita la convocatoria)*

MAGFCO. Y EXCMO. SR RECTOR DE LA UNIVERSIDAD POLITÉCNICA DE VALENCIA

(Enviar al Servicio de Alumnado – Unidad de Becas)

Modelo de encuesta utilizada

Aspectos organizativos de Cátedras y Aulas de empresa de la UPV

Encuesta para estudiar y analizar el funcionamiento de las Cátedras y Aulas de empresa de la UPV

*Obligatorio

1. **Nombre de la Cátedra o Aula de empresa** *

2. **Personal contratado (1/2)** *
   Con qué tipo de personal cuenta la organización para llevar a cabo sus actividades cotidianas
   Marca solo un óvalo.
   - ○ Personal fijo
   - ○ Personal temporal
   - ○ Voluntarios
   - ○ Beca de colaboración
   - ○ Colaboradores incluídos en el organigrama
   - ○ Otro: _____

3. **Cantidad de personas que trabajan en la organización (2/2)** *
   Marca solo un óvalo.
   - ○ 1
   - ○ 2
   - ○ 3
   - ○ 4
   - ○ 5
   - ○ 6
   - ○ >7

4. **Tipo de organigrama** *
   Mediante que capital humano se llevan a cabo las actividades realizadas
   Marca solo un óvalo.
   - ○ Organigrama fijo para todas las actividades
   - ○ Organigrama flexible y variable en respuesta a las necesidades
   - ○ Otro: _____

5. **Cátedra o aula de empresa** *
   Marca solo un óvalo.
   - ◯ Cátedra
   - ◯ Aula de empresa
   - ◯ Aula de empresa y previamente Cátedra
   - ◯ Cátedra y previamente Aula de empresa

6. **Financiación** *
   Marca solo un óvalo.
   - ◯ Totalmente aportada por una empresa
   - ◯ Aportada por dos o más empresas
   - ◯ Otro: _____

7. **Contabilidad** *
   Cómo se lleva a cabo la contabilidad de la organización
   Marca solo un óvalo.
   - ◯ Personal contratado propio
   - ◯ Empresa gestora externa
   - ◯ Mediante la Universidad
   - ◯ Otro: _____

8. **Reparto de actividades o tareas** *
   Qué metodología se sigue para repartir las distintas labores
   Marca solo un óvalo.
   - ◯ Tareas contempladas en el organigrama
   - ◯ Mediante un coordinador
   - ◯ De formas distintas según cada actividad
   - ◯ Otro: _____

9. **Aspecto positivo relativo a la organización**
   El punto que tiene un mejor funcionamiento relativo a la gestión u organización

   _____
   _____
   _____
   _____

10. **Aspecto negativo relativo a la organización**
El punto que necesita mejorar o que suele conllevar problemáticas relativas a la gestión u organización

Resultado encuestas (sin especificar nombres por petición de algunas Cátedras)

Personal contratado	Tipo de organigrama	Cátedra o aula de empresa
Personal fijo	Organigrama flexible y variable en respuesta a las necesidades	Cátedra
Beca de colaboración	Organigrama flexible y variable en respuesta a las necesidades	Cátedra
Beca de colaboración	Organigrama fijo para todas las actividades	Aula de empresa y previamente Cátedra
Colaboradores incluidos en el organigrama	Organigrama flexible y variable en respuesta a las necesidades	Cátedra
Personal fijo	Organigrama fijo para todas las actividades	Cátedra
Personal fijo	Organigrama flexible y variable en respuesta a las necesidades	Cátedra
Beca de colaboración	Organigrama fijo para todas las actividades	Cátedra
Beca de colaboración	Organigrama flexible y variable en respuesta a las necesidades	Cátedra
Voluntarios	Organigrama flexible y variable en respuesta a las necesidades	Aula de empresa
Beca de colaboración	Organigrama flexible y variable en respuesta a las necesidades	Cátedra
Personal temporal	Organigrama fijo para todas las actividades	Cátedra
No tiene	Organigrama fijo para todas las actividades	Cátedra
Beca de colaboración	Organigrama flexible y variable en respuesta a las necesidades	Cátedra
Voluntarios	Organigrama flexible y variable en respuesta a las necesidades	Aula de empresa y previamente Cátedra
Colaboradores incluidos en el organigrama	Organigrama flexible y variable en respuesta a las necesidades	Cátedra
Personal temporal	Organigrama flexible y variable en respuesta a las necesidades	Cátedra
Beca de colaboración	Organigrama fijo para todas las actividades	Cátedra
Colaboradores incluidos en el organigrama	Organigrama flexible y variable en respuesta a las necesidades	Aula de empresa
Personal temporal	Organigrama flexible y variable en respuesta a las necesidades	Aula de empresa y previamente Cátedra
Personal fijo	Organigrama flexible y variable en respuesta a las necesidades	Cátedra
Voluntarios	Organigrama flexible y variable en respuesta a las necesidades	Cátedra
becarios de colaboración y Voluntarios	Organigrama flexible y variable en respuesta a las necesidades	Cátedra
Personal temporal	Organigrama flexible y variable en respuesta a las necesidades	Cátedra
Personal fijo	Organigrama flexible y variable en respuesta a las necesidades	Cátedra
Colaboradores incluidos en el organigrama	Organigrama flexible y variable en respuesta a las necesidades	Cátedra
Voluntarios	Organigrama flexible y variable en respuesta a las necesidades	Cátedra

Financiación	Contabilidad	Reparto de actividades o tareas	Personas que trabajan en la organización
Totalmente aportada por una empresa	Mediante la Universidad	De formas distintas según cada actividad	3
Totalmente aportada por una empresa	Mediante la Universidad	De formas distintas según cada actividad	>7
Totalmente aportada por una empresa	Mediante la Universidad	El Director	1
Aportada por dos o más empresas	Mediante la Universidad	De formas distintas según cada actividad	4
Totalmente aportada por una empresa	Mediante la Universidad	De formas distintas según cada actividad	1
Totalmente aportada por una empresa	Personal contratado propio	Mediante un coordinador	4
Totalmente aportada por una empresa	Mediante la Universidad	Mediante un coordinador	3
Totalmente aportada por una empresa	Mediante la Universidad	Mediante un coordinador	4
Aportada por dos o más empresas	Mediante la Universidad	De formas distintas según cada actividad	2
Totalmente aportada por una empresa	Mediante la Universidad	De formas distintas según cada actividad	3
Totalmente aportada por una empresa	Personal contratado propio	Mediante un coordinador	>7
Totalmente aportada por una empresa	Mediante la Universidad	Comisión de Seguimiento	2
Totalmente aportada por una empresa	Mediante la Universidad	De formas distintas según cada actividad	1
Totalmente aportada por una empresa	Mediante la Universidad	Mediante un coordinador	2
Totalmente aportada por una empresa	Mediante la Universidad	De formas distintas según cada actividad	2
Totalmente aportada por una empresa	Mediante la Universidad	De formas distintas según cada actividad	2
Totalmente aportada por una empresa	la Dirección de la cátedra	Mediante un coordinador	3
Totalmente aportada por una empresa	Mediante la Universidad	Mediante un coordinador	2
Totalmente aportada por una empresa	Mediante la Universidad	Mediante un coordinador	1
Totalmente aportada por una empresa	Mediante la Universidad	Mediante un coordinador	3
Totalmente aportada por una empresa	Mediante la Universidad	De formas distintas según cada actividad	>7
Aportada por dos o más empresas	Mediante la Universidad	De formas distintas según cada actividad	4
Totalmente aportada por una empresa	Mediante la Universidad	De formas distintas según cada actividad	2
Totalmente aportada por una empresa	Mediante la Universidad	De formas distintas según cada actividad	2
Totalmente aportada por una empresa	la Dirección de la cátedra	Mediante un coordinador	1
Totalmente aportada por una empresa	Personal contratado propio	De formas distintas según cada actividad	2

Fichas para el reparto de actividades

Recoger y acompañar un grupo				
Nombre grupo:			En caso de dudas o incidencias:	
Recoger en	Lugar:		Contacto Aula:	
	Fecha y hora:			
			Contacto Grupo visitante:	
Llevar a	Lugar:			
	Hora:			
Descripción actividad:				

Organizar una charla, conferencia o acto			
Nombre y dirección contactos:		En caso de dudas o incidencias:	
		Contacto Aula:	
Posibles fechas a proponer:			
Posibles horarios a proponer:		Contacto visitante:	
Lugar de la actividad:			
Remuneración:			
Descripción actividad:			

Conducir a un grupo durante una jornada			
Fecha, lugar y hora donde recoger:		En caso de dudas o incidencias:	
Fecha, lugar y hora de la actividad:		Contacto Aula:	
Nombre grupo y colegio:		Contacto visitante:	
Descripción actividad:			
Programa de la actividad:			

Realizar un documento			
Tipo de documento:		En caso de dudas o incidencias:	
Fecha máxima entrega:		Contacto Aula:	
Información se obtiene en:			
Descripción documento:			
Descripción formato:			

Colaboración			
Fecha, lugar y hora donde estar:		En caso de dudas o incidencias:	
		Contacto Aula:	
Descripción Actividad:			

www.ingramcontent.com/pod-product-compliance
Lightning Source LLC
Chambersburg PA
CBHW060903170526
45158CB00001B/479